新时代教育高质量发展书系
XINSHIDAIJIAOYUGAOZHILIANGFAZHANSHUXI

彬彬有礼

幼儿教师必知的礼仪与规范

曹明丽　编著

北方联合出版传媒(集团)股份有限公司

万卷出版有限责任公司

图书在版编目（CIP）数据

彬彬有礼：幼儿教师必知的礼仪与规范 / 曹明丽编
著. -- 沈阳：万卷出版有限责任公司, 2024.5

ISBN 978-7-5470-6474-0

Ⅰ.①彬… Ⅱ.①曹… Ⅲ.①幼教人员—礼仪 Ⅳ.
①G615

中国版本图书馆CIP数据核字(2024)第053182号

出版发行：北方联合出版传媒（集团）股份有限公司
　　　　　万卷出版有限责任公司
　　　　　（地址：沈阳市和平区十一纬路29号　邮编：110003）
印　刷　者：三河市长城印刷有限公司
经　销　者：全国新华书店
幅面尺寸：170mm×240mm
字　　数：150千字
印　　张：12
出版时间：2024年5月第1版
印刷时间：2024年5月第1次印刷
责任编辑：齐丽丽
责任校对：刘　洋
ISBN 978-7-5470-6474-0
定　　价：49.80元
联系电话：024-23284090
传　　真：024-23284448

前言

随着时代的变迁和社会的发展，教育理念也在不断地发生着变化。时代变了，思维方式变了，教育者就要知势、知变、知未来，把握教育发展的新风向、新征程、新使命。党的二十大报告中明确提出："办好人民满意的教育""强化学前教育、特殊教育普惠发展"。

党的十九大以来，随着教育质量水平的不断提升，中国教育进入了高质量发展阶段。教育高质量发展作为教育发展新阶段的根本诉求，是回应人们对优质均衡教育需求的现实路径。

中国教育事业发展追求的基本目标之一就是教育质量的提升，走高质量发展之路也是教育事业转型为内涵发展的必然选择。为保障学前教育实现从"有质量"到"高质量"的转变、从"外延式"到"内涵式"的转向，为扎实推进"十四五"规划对学前教育发展要求的落实和执行，各级教育部门要切实帮助更多幼儿园提高办园质量，推进学前教育高质量发展。

当今，随着社会的发展、科学技术的进步、文学艺术的繁荣、知识门类的增多，教育事业得到了迅猛的发展；与此同时，人们对幼儿教育越发重视，幼儿教育蔚然成风。在这种潮流下，人们注重的是孩子对技能的学习，却忽视了道德情操、举止言谈、行为习惯和意志品质的教育培养。

幼儿是祖国的花朵，是我们未来的希望。幼儿教育为孩子们的一生奠定了坚实的基础，在其成长历程中有着举足轻重的作用。

《幼儿园教育指导纲要》中明确指出："幼儿教育是基础教育的重要组成部分，是我国学校教育和终身教育的奠基阶段。城乡各类幼儿园都应从实际出发，因地制宜地实施素质教育，为幼儿一生的发展打好基础。"

幼儿教育是基础教育、启蒙教育，幼儿园是孩子们走进社会的第一站。人生最初的几年，决定和影响着其一生的发展，是其道德观念、行为习惯形成的关键期，而幼儿教师是这个时期对其产生影响的关键人物。

新的时代，赋予幼儿教师全新的使命，推动学前教育高质量的发展。

为此，我们编写了"新时代教育高质量发展幼教书系"。这套丛书共10册。本丛书立足于我国当前幼儿教育新形势，遵照党的二十大报告中提出的"加快建设高质量教育体系""强化学前教育、特殊教育普惠发展"的指导方向，并结合2018年中共中央、国务院印发的《关于学前教育深化改革规范发展的若干意见》等有关幼儿教育的文件要求，由一批国内幼儿教育方面的专家策划完成。本丛书广泛吸收我国幼教专家的先进经验和实践成果，以科学性、指导性、实用性为原则，以解决教师实际问题、提高教师教学技能、促进教师专业发展为宗旨，为幼儿教师提供了掌握正确教学方法的科学途径。愿这套丛书能成为广大幼儿教师不断提高核心素养的良师益友。

目录

幼儿教师的职业礼仪

礼仪是一种修养、气质和文明，也是幼儿教师与幼儿、家长沟通的通行证，是开启幼教事业成功之门的钥匙。作为幼儿教师，不仅是科学文化知识的传播者，还是幼儿美好心灵的塑造者，更是幼儿行为的示范者。因此，幼儿教师不仅要努力地提高自己的专业学识，还要为促进自己和幼儿的心智成熟而努力地完善自我，规范自己的职业礼仪与行为习惯，提高自己的道德修养及职业素质，用自己得体的职业礼仪引导幼儿成为讲文明、懂礼貌的人。

主题1 礼仪的概述

导语

礼仪是对礼节、礼貌、仪态和仪式的统称。礼仪是人类在社会交往活动中，为了相互尊重，在仪容、仪表、仪态、仪式、言谈举止等方面约定俗成的、共同认可的行为规范。《论语》中说"做人先学礼"，可见礼仪教育是人生的第一课。礼仪必须通过学习、培养和训练，才能成为人们的行为习惯。因此，幼儿教师学习礼仪、懂得礼仪，不仅是时代潮流，更是提升竞争力的现实所需。

一、对礼仪的初步认识

（一）礼仪的概念

礼仪是人们为维持社会正常生活而要求大家共同遵守的、最起码的道德规范，它在人们长期的共同生活和相互交往中逐步形成，并以风俗、习惯以及传统等方式固定下来。对一个人而言，礼仪是思想道德水平、文化修养、交际能力的外在表现，对一个社会而言，礼仪是一个国家社会文明程度、道德风尚和生活习惯的客观反映。

（二）礼节与仪式

至于礼节与仪式，传统的解释是这样的："礼"字和"仪"字指的都是尊敬的方式，"礼"通常指个人性的，"仪"一般指集体性的，例如开幕式、阅兵式等，这些代表了仪式。

我国自古以来就是礼仪之邦，礼仪能显示出一个人的教养和品位。真正懂礼仪、讲礼仪的人决不会仅仅在某一个或者几个特定的场合才注重礼仪规范，这些程式化的礼仪细节早已在他们反复的心灵历练中深入到骨髓中了。

因此，不论什么时候，我们均要以最恰当的方式去待人接物，此时"礼"就成了我们生命中极其重要的一部分。礼仪是人际关系中的一种艺术，是人与人之间沟通的桥梁；礼仪是人际关系中应当遵守的一种惯例，是一种习惯形式，也就是在人与人的交往中约定俗成的一种习惯做法。

二、礼仪的特点

与其他学科相比，礼仪有着一些独具的特点。

（一）规范性

礼仪是一种规范，礼仪规范的形成并不是人们主观臆断、抽象思维的结果，而是对人们在人际交往实践中所形成的一定礼仪关系的概括和反映。

规范性约束着人们在所有交际场合的言谈话语和行为举止。使其符合礼仪，是人们在所有交际场合运用的一种通用语言，也是判断、衡量个体是否自律、敬人的一种尺度。

（二）兼容性

随着信息传播和社会交往的提高，现代礼仪兼容并蓄。不同的国家或地区、不同的民族，他们的礼仪均有其自身的特点。现代礼仪融合了世界各个国家的礼仪之长，变得更加国际化，从而现代国际礼仪的通用性越来越强。

（三）差异性

礼仪的应用在不同的民族、不同的时代以及不同的行为环境中，具有不一样的内容和要求，其中礼仪的民族性差异最为明显。礼仪的民族性差异集中体现了一个民族的心理、文化和习惯，反映了一个民族的文明、智慧和社会风尚。同一礼仪形式在不同场合，针对不同的对象，会有细微的差异。礼仪的差异性体现在个体差异上，现代礼仪注重个体特征，个体特征是一个人的文化素养、地位、经历、资质等方面的综合反映。

（四）传承性

礼仪作为人类的文明积累，其发展从来没有中断过，代代相传。先人们把交际应酬之中的习惯做法固定下来，流传至今，从而逐步形成了传统的礼仪特色。这是一种长期的社会现象，并且不会由于社会制度的更替而消失，现代礼仪正是从传统礼仪的精神遗产中取其精华，在实践中逐渐形成和发展起来的，具有显著的历史传承特征。

（五）平等性

现代社会无论是个人之间、集体之间还是国家之间，都一律平等。如果违背了平等、尊重的原则，那就违背了现代礼仪的基本准则。

尽管对不同身份、不同地位的人在礼宾待遇方面作出了不一样的等级规定，可是这种规定并不意味着尊卑贵贱，而是一种服从现代礼仪社会控制体系和正常交往秩序的体现。这是工作需要和礼仪需要相互融合统一的结果，人与人之间的本质并没有发生变化。

（六）时代性

礼仪规范并不是一成不变的，它随着社会的发展而不断更新。我国古时的妇女以"三寸金莲"为美，可是现在又有谁欣赏这种美呢？

如今人们认为那样不但有害，而且不美、不方便、不安全。由此可见，不同的时代具有不同的礼仪要求。社会的进步、文明的发展、政治的变革、思想观念的变化、科技的广泛应用一定会引导礼仪在民族传统的基础上，摒弃那些不合时宜的部分，创造出符合文明时代要求的新礼仪，从而使礼仪具有鲜明的时代特征。

三、礼仪的作用

礼仪是一个人的社会风度、自身形象和思想品德的良好体现。良好的礼仪能够提高个人的社交能力和社会竞争力，在社会交往中发挥着很大的作用。具体来说，礼仪起到如下的作用。

（一）礼仪能促进沟通，促进人们相互尊重

在人际交往中，自觉地遵守礼仪规范，能够使交往双方的感情得到沟通，在向对方表示尊重、敬意的过程中，获得对方的理解和尊重。人们在交往时以礼相待，有利于促进人们之间互相尊重，构建友好合作的关系，减少或者避免不必要的矛盾和冲突。

（二）礼仪能规范、约束人们的行为

在社会生活中，礼仪可以约束人们的态度和动机，可以规范人们的行为方式，可以协调人与人之间的关系，还可以维护社会的正常秩序，从而在社会交往中发挥着重要的作用。

（三）礼仪能倡导、教育人们遵守道德习俗

礼仪以一种道德习俗的方式对整个社会中的每个人都起到维护社会正常秩序的教育作用。大家通过对礼仪的学习和应用，建立起新型的人际关系，从而在交往中严于律己、宽以待人、互谦互让、互尊互敬、讲文明、懂礼貌、和睦相处，形成良好的社会风尚。

（四）礼仪对人际关系能起到凝聚、协调的作用

在现代生活中，人们之间的关系错综复杂，有时候难免会发生冲突。礼仪有利于促使冲突各方保持冷静，缓解已经激化的矛盾，使人与人之间的感情得到沟通，建立相互尊重、相互信任、友好合作的关系，从而有利于各项事业的发展。

四、礼仪的基本原则

（一）真诚尊重原则

真诚是对人对事的一种实事求是的态度，表现在人际交往中，是待人真心诚意、表里如一的友善。不自欺，也不欺人，待人真诚会很快得到别人的信任，反之则会得到"虚伪""骗子"等有损个人形象的评价，这将会导致正常的交往无法继续。真诚是人与人相处的基础，是礼仪的一条重要原则。

每个人在社会交往活动中都应当诚心待人，恪守信用，履行承诺，处处不可失敬于人，不伤害他人的尊严，不侮辱对方的人格。只有真诚地奉献，才能有所收获；只有真诚地尊重，才能使双方心心相印，友谊地久天长。掌握了这一点，就相当于获取了礼仪的灵魂。

（二）平等适度原则

在社交场合中，礼仪的行为表现总是双方的，无论哪一方是施礼者，哪一方是受礼者，双方都要一视同仁，给予对方同等程度的礼遇，不允许因为交往对象彼此之间在年龄、性别、种族、文化、职业、身份、地位、财富以及与自己关系的亲疏远近等方面有所不同而厚此薄彼，区别对待。平等在交往中表现为不骄狂，不我行我素，不自以为是、傲视一切、目中无人。平等是人与人交往时建立情感的基础，是保持良好人际关系的诀窍。

适度原则是指人们在施行礼仪的过程中，在熟悉礼仪规范和准则的基础上，注意各种情况下人际关系的距离，把握与特定环境相适应的彼此间的交往尺度，不卑不亢、落落大方地建立和保持健康、良好、持久的人际关系。

遵循适度原则要求人们在社交场合要感情表达适度，谈吐适度，举止适度，妆扮适度。

（三）自信谦逊原则

自信是指相信自己的想法和力量，认为依靠自己的能力，一定能够克服种种困难，达到预定的目标。自信是社交场合一种可贵的心理素质，只有对自己充满信心，才能在交往中不卑不亢、落落大方，遇强者不自惭，遇到磨难不气馁，遇到侮辱敢于挺身反击，遇到弱者会伸出援助之手。自信是一种内在力量，人们越自信，就越有可能建立有益的而不是破坏性的人际关系。

谦逊就是虚心、不自满。谦逊是一种美德，它本身也是一种礼仪的表现。在社会交往中只有谦逊礼让、不摆架子、不自以为是的人才能使人感到容易接近，才能给人以可以信赖、可以合作的印象。

（四）遵守信用原则

礼仪作为行为的规范、处事的准则，反映了人们共同的利益。社会上的各民族、各党派、各阶层的人们都有责任和义务维护它，共同遵守它。每个人都应知礼、守礼，约束自我，爱护公物，遵守公共秩序，尊老爱幼，坚持正义。

在社会生活中我们应时时处处自觉遵守礼仪规范，努力树立良好的形象，做一个受大家欢迎的人。违背了礼仪规范，自然会受到公众的批评和指责。

信用即讲信誉，在人际交往中要讲真话、遵守诺言、实践诺言。孔子说过"民无信不立""与朋友交，言而有信"，强调的正是守信用的原则。在社交场合，尤其重视守时、守约，所以，如果没有十足的把握就不要轻易许诺他人，许诺他人却做不到，反而会得到一个不守信的恶名，会永远失信于人。

（五）宽容关怀原则

宽容的原则，即与人为善的原则。宽容是指心胸宽广、忍耐性强。

宽容是一种较高的境界，容许别人有不同的行为与见解，对不同于自己和传统观点的见解要耐心公正地容忍。要宽容，就要做到将心比心，多容忍他人，多体谅他人，多理解他人，千万不要求全责备，斤斤计较，过分苛求，咄咄逼人。但是宽容是有原则的，不是一味地迁就和退让。总而言之，在社交活动中，一个有宽阔胸怀的人往往能宽容别人，从而博得他人的爱戴和敬重。

五、礼仪的重要意义

社会的发展是建立在物质文明与精神文明基础之上的，不敢想象一个没有精神支柱的国家能够自强于世界民族之林，也不敢想象一个没有礼仪修养的民族会得到世人的尊敬。从一定意义上讲，礼仪修养水平反映了一个国家、一个民族的文明程度。因此，注重礼仪具有十分重要的意义。

（一）注重礼仪是继承我国礼仪传统的需要

中国是"礼仪之邦"，礼仪文化自然也源远流长，流传至今的尊老爱幼、父慈子孝、礼尚往来等传统礼仪反映了人们的精神风貌、代表了人们的道德水平和气质修养。

（二）注重礼仪是构建和谐社会的必然需要

社会和谐从本质上来说，是人类在不断发展和完善过程中，所形成和表现出来的一种人与人之间、人与物质之间和谐共处的状态。和谐社会要求社会形成良好的道德风尚，人与人之间建立起相互宽容、互助互爱、团结合作的人际关系氛围，而构建这样良好的人际关系氛围必然依赖于礼仪文化对人们的引导和教育。礼仪是人际关系的一把"特殊钥匙"。人们只有认同、遵守、践行礼仪规范，才能自觉地用礼仪规范来约束自己的言谈举止，从而向对方表达尊敬和友善之情，形成相互信任的关系，促进交际的成功。

（三）注重礼仪是适应现代信息社会的需要

在现代信息社会中，飞速发展的多媒体通信技术日益改变着人们传统的交往观念和交往行为。尤其是人们交往的范围已经逐步从人际沟通扩展为大范围的公众沟通，从面对面的近距离沟通发展到不见面的网络沟通，从慢节奏、低频率的沟通变为快节奏、高频率的沟通。这种现代信息社会的人际沟通的变化给人类社交礼仪的内容和方式均提出了更高的要求，在这种沟通条件下，实现有礼有节的交往，去实现创造"人和"的境界，是注重礼仪的重要意义。

（四）注重礼仪是实现个人自身完美的需要

"金无足赤，人无完人"是人所共知的。然而现实生活中，人们却都在以各种方式追求着自身的完美，寻找通向完美的道路。一些人误以为外在美会掩饰内在的缺陷，于是他们在外表方面下功夫，但这不足以使人产生质变。只有将外在美和内在美集于一身的人才称得上"完美"二字。注重礼仪修养是实现完美的最好方法，它可以丰富人的内涵，增加人的"含金量"，从而提高人的综合素质，使人们面对纷繁复杂的社会时更具勇气、更有信心，从而更充分地实现自我，达到社会与人的良好互动。

知识拓展

礼仪的由来

礼仪不是随意凭空臆造的，也不是可有可无的。我们了解礼仪的起源，有利于我们认识礼仪的本质，自觉地按照礼仪规范的要求进行社交活动。礼仪的由来有两种观点：

有一种观点认为，礼仪起源于祭祀。东汉许慎的《说文解字》云："礼，履也，所以事神致福也。从示，从豊，豊亦声。"寓意是实践约定的事情，用来给神灵看，以求得赐福。"礼"字是会意字，"示"指神，从中可以分析出，"礼"字与古代祭祀神灵的仪式有关。古时祭祀活动不是随意进行的，它是严格地按照一定的程序、一定的方式进行的。

另外还有一种观点认为，礼仪起源于风俗习惯。人是不能离开社会和群体的，人与人在长期的交往活动中，渐渐地产生了一些约定俗成的习惯，久而久之这些习惯成为人与人交际的规范，当这些交往习惯以文字的形式被记录并同时被人们自觉地遵守后，便逐渐成为人们交际交往中的固定礼仪。

从礼仪的起源中我们可以看出，礼仪是在人们的社会活动中，为了维护一种稳定的秩序，为了保持一种交际的和谐而产生的。礼仪发展至今仍然体现着这种本质特点与独特的功能。

主题2 礼仪与道德修养

礼仪就是律己、敬人的一种行为规范，是表现对他人尊重和理解的过程和手段。古人云："不学礼，无以立。"作为人类文明的产物，礼仪有着内在的道德准则和外在的行为尺度。它规范着人们的言行，表现为礼貌、礼节、仪表、仪式等，体现了个体或群体的素养与修养。因此，礼仪不仅是个人素质和教养的体现，也是个人道德和社会公德的体现。

一、道德及其作用

道德是人们共同生活及其行为的准则和规范，通过社会的或一定阶级的舆论对社会生活起到约束作用，是在一定程度上调整人们之间以及个人与社会之间关系的行为规范的总和。

（一）道德的种类

任何一个事物都可从内容和形式两个方面进行分类，道德也是一样。从内容上，道德分为社会公德、职业道德、伦理道德三个方面。

1. 社会公德

社会公德是存在于社会群体中间的道德，是全体公民在社会交往和公共生活中应该遵循的行为准则，涉及人与人、人与社会、人与自然之间的关系，发挥着维护、保证社会公共生活的正常有序运动的作用。就本质而言，社会公德是在漫长的历史长河中，在长期的社会实践中，一个国家、一个民族或者一个群体慢慢积淀下来的道德准则、文化观念和思想传统。它包括文明礼貌、助人为乐、爱护公物、保护环境、遵纪守法五个方面的内容。

2. 职业道德

职业道德是指一般社会道德在职业生活中的具体体现，是职业品德、职业纪律、专业胜任能力及职业责任等的总称。它不但规范着本行业人员在职业活动中的行为，还体现着行业对社会所负的道德责任和义务。包括爱岗敬业、诚实守信、办事公道、服务群众、奉献社会、素质修养八个方面的内容。

3. 伦理道德

伦理道德是人们在长期的社会交往中，约定俗成遵守的一套公认的行为准则与规范。其中，"尚公、重礼、贵和"对中华文明、民族精神和民族性格都产生了深远的影响，被看作是中国传统伦理道德的基本精神。尚公是贯穿中国传统伦理道德的一条主线，其核心精神就是爱人利他，克服自己的私心、私欲；"礼者，人之规范"，是社会秩序的总称，因此重礼即重视社会秩序；贵和，即重视整体内部的和谐，通过人际关系的和谐、个人与整体的协调来实现整体的和谐。这些伦理道德，随着社会的发展，逐渐被人们取其精华、去其糟粕，留下了尊老爱幼、人人平等、弘扬家庭美德等合理成分。

（二）道德的作用

道德以善和恶、正义和非正义、公正与偏私、诚实与伪善等概念来对人们的各种行为加以评价，对人们之间的关系进行调整。它还借助于各种形式的教育、说服、诱导以及社会舆论的力量，让人们渐渐形成一定的信念、习惯、传统，进而对其生活与工作产生作用。

二、礼仪与道德的关系

礼仪与道德关系极为密切，是"形于外而诚于中"的关系，"德"成于中，"礼"形于外。英国哲学家洛克曾说："美德是精神上的一种宝藏，但是使它生出光彩的则是良好的礼仪。"礼仪具有道德功能，道德亦具有礼仪功能，二者具有内在统一性。下面，我们分别从礼仪与社会公德、职业道德和伦理道德三个方面展开论述。

（一）礼仪与社会公德

首先，礼仪是社会公德的重要内容，是一种道德行为标准。礼仪作为约定俗成、共同认可的一种行为规范，本质上就是行为的标准，即规矩、章法、条条框框，换言之，礼仪就是对人的行为进行约束的条条框框，告诉人们要怎么做，不要怎么做。比如规范的礼仪之一——敲门，就是指某一个人进入他人的办公室或场所时，要先敲门，如果这个人不敲门就直接闯进去则属于失礼的举动。因此，就约束力而言，礼仪就成为一种道德行为标准，它虽然比法律、纪律弱得多，但违背它的人会被他人厌恶，并使他人对其品德和素养产生质疑。因此，礼仪体现的是一种道德修养的自律，是一种道德行为标准。

社会公德作为存在于社会中间的公共道德，是人们为了维护社会公共利益而约定俗成的行为规范，比如遵守公共秩序、讲文明、讲礼貌、诚实守信、救死扶伤等。这些内容均是人们的精神追求和生活方式的外在表现，也属于公认的礼仪范围，是个体的品德或群体的素养的重要体现。因此，礼仪是社会公德的重要组成部分，和社会公德一样同属于一种道德行为的标准。

其次，礼仪是构建社会道德的基石之一。礼仪的本质是尊重。被尊重是每个人内心深处的高级心理需求。在社会交往活动过程中，个体或群体之间如果能遵照礼仪的要求去为人处世，就会使人获得被尊重的愉悦。由此达到人与人之间关系的和谐。在维系社会公共生活和调整人与人之间的关系方面具有重要作用的社会公德，体现的也是对他人的尊重，令人获得心理的满足，产生愉悦感。因此，作为一种无形的力量，社会公德在影响社会道德风尚的形成和稳定方面，是以礼仪的形式约束着个体或群体的行为，于是出现了教师的师德、艺术家的艺德等。因此，从属于社会公德的礼仪同样是构建社会道德的基石之一。

最后，礼仪维护着社会正常的生活秩序，要求全体成员共同遵守。职业道德、婚姻家庭道德、社会道德是道德体系中的三个层次，它们同属于社会公德的内容。社会公德是最简单、最起码的道德行为标准，而礼仪是社会公德的重要组成内容。倘若个体不能遵守基本的礼仪，代表着连社会公德都不能遵守，那么就说明个体的道德修养太差了。尤其在人际交往、社会交往活动中，个体如果不能遵守公认的礼仪，就意味着违反了社会公德。比如在公共场合穿拖鞋就是一种失礼的行为，是违反社会公德的行为。因此，礼仪维护着社会正常的生活秩序，要求全体成员共同遵守，知礼、守礼、行礼的人会赢得他人的尊敬和信任，反之，失礼、无礼的人往往被社会所抛弃。

（二）礼仪与职业道德

职业道德起着协调社会组织与职员之间的关系，约束和规范职业工作者的思想观念和行为的作用。同时它也是提高社会文明程度的一个重要因素。

首先，礼仪是指导职业道德的重要准则。礼仪作为道德和社会公德的重要内容，是不同的社会群体、不同的年龄层次、不同的职业领域的人都要遵守的，是指导职业道德的重要准则。一般来说，社会公德是职业道德的基础，要遵守职业道德首先就要遵守社会公德。一个人只有懂得自己从事的职业的目的和意义，才能懂得自己工作和生活的意义，才能为社会、为人民做贡献。任何一种职业活动都要服务于他人，而服务于他人的前提就是要尊敬他人，即诚恳地、认真地为他人服务，用高质量的服务令对方满意，进而也可以赢得他人的尊敬。

其次，礼仪也是构成职业道德的重要内容。礼仪在发展过程中，逐渐由社会公德向职业道德扩展，也就成了职业道德的重要内容，尤其在现代社会道德体系中，礼仪所包含的道德更是成为职业道德的重要组成部分。比如人们在职业活动中应该遵守的礼仪规范，就是礼仪规定的规范和准则，包括仪容、仪态、语言、态度等。

（三）礼仪与伦理道德

中国传统伦理道德中的尚公、重礼、贵和精神，在中国历史上曾产生过持久且深远的影响，并随着时代的发展而变化，与现代文明相协调，成为弘扬中华文化、建设中华民族共有精神家园的重要内容。礼仪所要求的恭敬、谦让、文明礼貌，有利于协调人际关系、增进社会公德、提高社会文明和道德水准有着至关重要的作用。简单地说，从伦理学视角看礼仪，它就是指人们在长期共同生活和交往中形成的，以风俗、习惯、传统的形式固定的道德行为规范。

礼仪文化与道德的培养

礼仪能引导人们的道德修养，显现人们的道德精神，保证道德原则的实施。因此，承担着幼儿教育重任的幼儿教师，就要提升自己的礼仪，提升自己的师德素养，提升自己的职业道德素养。

礼仪和道德感不是与生俱来的，而是通过后天不断完善的。"道之以德，齐之以礼，有耻且格。"孔子提倡用道德和礼节来感召人，使之达到知耻而向善的目的，这是一个长期学习、熏陶的过程。现在社会很多人崇尚速食文化，无论是对知识的学习，还是对经验的积累，都希望能一口吃成胖子。然而效果却是一时的，并不能终生受益。"不积跬步，无以至千里；不积小流，无以成江海。"礼仪与道德感的养成，是一个渐渐积累的过程，离不开外部环境的引导。幼儿园是一个最直接的知识传导站，幼儿教师应该以传道、授业、解惑的形式完善自身的认知水平，只要认知到达一定水平，就有了明辨是非的能力；有了分辨是非善恶的能力，就会端正自身的心态，不违背自己的良知，努力使自己的一言一行都符合道德礼仪的标准，自己的修养便得到了完善。

主题3　建立正确的职业礼仪观

"礼者，敬人也"，这是幼儿教师礼仪的首要原则，也是幼儿教师礼仪的灵魂所在。由于幼儿教师每天都要和孩子、家长以及社会上的人士沟通，他们的着装打扮、言谈举止、待人接物等反映了本园的修养和品位，更是幼儿学习效仿的榜样。因此，幼儿教师作为一个窗口更应该时刻都注意自己的言行举止，在日常工作中以良好的形象和规范的行为感染、引导幼儿。

一、幼儿教师职业礼仪的内涵

幼儿教师礼仪是幼儿教师内在道德要求和外在表现形式的统一体，是提升教师职业素养、塑造良好师表形象的重要途径，是现代教师必备的基本素质之一。

（一）幼儿教师职业礼仪的内涵

幼儿教师的职业特点，决定了其言行举止、学识、风度、衣着穿搭，都是幼儿学习的楷模。因此，幼儿教师要注意自己的礼仪。那么，如何认识幼儿教师的礼仪呢？

幼儿教师的礼仪是指幼儿教师在教书育人的岗位上表现出的教师所应有的气质与风度。我们要从广义和狭义两个方面来理解：就广义上而言，幼儿教师的礼仪，就是幼儿教师应当遵照的各种礼仪要求，既包括幼儿教师在教育活动中应该遵守的礼仪要求，也包括幼儿教师在普通社会交往情境中应该遵守的礼仪要求。就狭义而言，幼儿教师的礼仪是指幼儿教师在幼儿教育过程中应当遵守的各种行为规范和程序以及应当掌握的交往艺术。这是幼儿教师应该遵守的特殊的职场礼仪，不同于普通社会交往情境下的礼仪要求，其目的在于最优地实现教育目标，保证教育过程的审美化处理。

（二）幼儿教师礼仪的内容

幼儿教师的礼仪依其涉及的对象，可以分为基于幼儿教师自身的个人礼仪、基于幼儿教师交往对象的社交礼仪以及基于幼儿教师工作内容的教学礼仪。

1. 幼儿教师的个人礼仪。幼儿教师的个人礼仪是针对幼儿教师仪容、仪表和仪态三方面的要求。幼儿教师的职业内容和特点决定了幼儿教师在任何场合下都要保持整洁卫生、端庄得体、大方文明的个人形象。而这一要求具体体现在幼儿教师的发型、服饰和妆容的选择以及各种身体姿态和动作的表现上。

2. 幼儿教师的社交礼仪。幼儿教师的社交礼仪是指幼儿教师在与不同对象交往过程中应该遵照的礼仪要求。它不仅包括在社会公共场合与他人交往和在幼儿教育工作情境中与他人交往时都应该遵守的交往礼仪要求，还包括人际交往中对他人的称呼、接打电话的相关礼仪、自我介绍以及介绍他人时的礼节以及在不同的场合，如会议场合、宴会场合和舞会场合的行为表现等。

3. 幼儿教师的教学礼仪。幼儿教师的教学礼仪是指幼儿教师在专门的幼儿教育教学活动中应该遵守的特殊的礼仪要求。它不仅包括幼儿教师在集体教育活动中提问幼儿的方式，还包括入园和离园环节与幼儿家长沟通的方式、集体教研活动中发表个人观点的方式。

二、幼儿教师具备规范化礼仪的意义

幼儿教师接受适时的礼仪教育，可以弥补诸多不足，优化教师队伍。幼儿教师要自觉弥补礼仪知识，规范自己的行为。而要做到这些，首先就要明确幼儿教师规范化礼仪的意义。

（一）幼儿教师规范化的礼仪影响着幼儿的身心发展

首先，幼儿教师良好的礼仪可以提升幼儿教师的身心发展，使其内心更加丰富，思维更加广阔，培养出与时俱进的学习品德。因此，幼儿就会由幼儿教师的这种良好的礼仪修养中受益，进而获得好的教育以及好的发展。

其次，幼儿教师良好的礼仪可以培养幼儿教师美好的情感，提高幼儿教师的审美能力，孕育幼儿教师高尚的师德。如此一来，幼儿教师就为幼儿树立了优秀的学习榜样，从而为幼儿的成长提供了一个美好的环境，丰富幼儿的想象，提高幼儿的思维能力。

（二）幼儿教师规范化的礼仪影响着幼儿教师的职业发展

个体的礼仪修养反映了个体的文化修养。幼儿教师的礼仪修养反映出幼儿教师的文化修养，这种文化修养直接影响着幼儿教师的职业生涯发展。

首先，幼儿教师规范化的行为举止是一份行动纲领与指南，可以使幼儿教师在从事教育工作时，能自觉用正确的、适宜的方式来完成工作，提升教育服务质量；同时使幼儿教师能自觉履行职责，促进每一位幼儿的健康成长与发展，并提升与幼儿教育工作相关的人员，包括与家长、同事和社区人员等人的沟通与合作效率，有助于提升教育服务质量，促成教育工作的顺利开展，解决因为工作问题而产生的焦虑，利于幼儿教师的身心健康。

其次，幼儿教师规范化的礼仪体现了幼儿教师的文化修养。幼儿教师只有具备相应的文化修养，才能担当起幼儿教育的重任，才能与时俱进地跟上教育的步伐，为幼儿提供良好的教育。一个具备良好的文化修养的幼儿教师，会营造出有利于幼儿成长的环境，让幼儿的学习变得生动有趣，进而提高幼儿的学习兴趣，延长自己的职业生涯。

最后，幼儿教师良好的礼仪修养会促进幼儿的全面发展。幼儿教师的礼仪修养是与幼儿教师的文化修养成正比。一个具备良好的文化修养的幼儿教师，会在学历、思想、观念、魅力、活力、情感等方面对幼儿产生深远的影响。这个影响又会反过来影响幼儿教师的职业发展。

（三）幼儿教师规范化的礼仪影响着幼儿事业的发展

从本质上来讲，幼儿教师专业规范与行为礼仪都是对幼儿教师提出的规范性要求。幼儿教师专业规范是通过一系列的价值、原则和规则来约束幼儿教师的言行，调整幼儿教师与他人之间的交往关系，直接对幼儿教师在具体情境中的言行举止提出的规范性要求或建议。因此，规范化的礼仪可以提升幼儿教师的教育服务质量和专业形象，并最终提升幼儿教师的职业幸福感，促使幼儿教育事业从业者的数量增加。

同时，幼儿教师规范化的行为礼仪是整个群体的共同价值的表征。每一位幼儿教师倘若均能遵守相关的礼仪，规范自己的行为，其言行就会与实际工作环境相符，就能表现出专业化的工作水平，就可以凝聚整个幼儿教师群体的力量，使群体的每一个成员均能向着共同的目标努力，发挥群体的监督功能，避免群体内成员行为的偏差，提升幼儿教师群体的素质。

幼儿教师规范化的礼仪反映了社会公众对幼儿教师的职业期待。当幼儿教师群体以这种规范化的礼仪存在时，于社会公众而言，它预示着幼儿及其家长会获得高质量的服务，意即幼儿教师会为社会提供优质的教育服务，从而使幼儿教师群体赢得了社会公众的初步认可。

因此，幼儿教师要认识到规范化的礼仪之于幼儿及其自身、幼儿教育事业发展的重要性，要自觉认识礼仪、了解礼仪，规范自身的言行，提高自己对礼仪之于教师职业道德的认识，不断提升自己的职业道德与修养。

三、幼儿教师存在的礼仪问题及其应对策略

上面讲述了幼儿教师职业礼仪的重要意义，下面是幼儿教师存在的礼仪问题及其应对策略。

（一）当前幼儿教师存在的礼仪问题

当前，幼儿教师队伍在礼仪上存在着一些问题。这些问题影响着幼儿的成长和幼儿家长及社会对幼儿教师这一群体的看法。

1. 不重视语言礼仪，影响形象。随着幼儿教育受重视程度的增加、幼儿园的数量和规模的不断扩大，教师队伍也在不断壮大，于是教师队伍也越来越年轻化。大量年轻的幼儿教师给幼儿教育注入了活力的同时，也难免会出现一些问题。突出的表现之一就是年轻的教师活泼开朗、思想活跃、不拘小节、追求时尚，审美观点与价值取向往往与传统习俗存在一定差异。他们为了表达自我意识，在语言行为上我行我素，不考虑他人的感受，因此出现许多语言不当，甚至无礼的现象。

2. 忽略着装礼仪，造成不良影响。个别年轻的幼儿教师为了强调

自我，在穿着打扮上喜欢标新立异，追求时尚、前卫，忽略了自己的职业特点；或浓妆艳抹，或衣着不符合教师的身份，严重影响了幼儿的审美，引发了幼儿家长的不良反映应和社会上的不良评价。

3. 忽视人际交往礼仪，引发冲突。大多数的幼儿教师在人际交往中，不太注意细节，欠缺沟通的技巧，甚至在对幼儿实施教育时，缺少共情心理，从而与幼儿的监护人发生冲突，对幼儿园和幼儿均产生不良影响。

（二）强化礼仪修养，提升职业道德

1. 以礼"引"德

礼仪本身就是兼具内在道德要求和外在表现形式的行为规范。内在要求是要求人们在社会生活中严守道德、相互尊重、诚恳和善；外在表现是内在要求的具体化，是个体道德品质的外化。所以，缺乏内在的道德修养，就不会具备外在的美好礼仪。同样，没有外在的守礼表现，内在的道德观念就是抽象、空洞的，失去了实际意义。鉴于此，幼儿教师要通过相应的礼仪训练，提升自己的礼仪意识，规范自己的言行，以增强自己内在的道德信念。

幼儿教师要认识到幼儿模仿性强，教师的行为举止就是他们直观的、活生生的学习榜样，年龄越小的幼儿越是这样。苏联教育家加里宁曾说："一个教师必须好好检讨自己，他应该感觉到，他的一举一动都处在最严格的监督之下，世界上任何人也没有受着这样严格的监督。孩子们几十双眼睛盯着他，须知天地间再也没有什么东西，能比孩子的眼睛更加精细、敏捷。对于人的生理、心理上各种细微变化更富于敏感了，再也没有任何人能像孩子的眼睛那样能观察一切最细微的事物。"为此，幼儿教师作为人类灵魂的工程师、精神文明的播种者，要比任何职业的人士更需要严格要求自己，做到思想进步、言行一致。

一方面，幼儿教师要规范自己的言行，谈吐文明，举止优雅，用美的言行影响幼儿，成为幼儿健康成长的楷模，进而将职业道德渗透到得体的言行中，发挥着对幼儿的影响。因此，幼儿教师文明得体的一言一行、一颦一笑都在影响着幼儿的言行举止，促成幼儿美好的行为和品质的形成。

另一方面，幼儿教师要注意仪表端庄、服饰整洁、作风朴实、态度可亲，以自己的言行对幼儿进行言传身教，用自己美的心灵、美的行为影响教育幼儿，培养幼儿具有文明的行为习惯；用自己的言行一致的职业美德，获得幼儿的信任与尊重。

2. 以礼"显"德

幼儿教师要认识到自身良好的礼仪修养可以为幼儿的成长创设良好的环境。为此，幼儿教师要注意规范自己的职业行为，提升自己的专业素养，在与幼儿、家长和其他人员沟通时，用自身良好的礼仪为幼儿营造有"礼"的成长氛围和成长环境。

首先，幼儿教师要注意与幼儿沟通时，尊重幼儿，热爱幼儿，注意与幼儿交谈的姿势和交谈的言语，用自己得体的日常礼仪和教学礼仪，用自己的学识与专业素养，传达出对幼儿的关爱，帮助幼儿成长，促进幼儿成长。

其次，幼儿教师要认识到家园沟通、同事沟通的重要性，对家长以礼相待，尊重家长，主动与家长进行沟通，用自己得体的礼仪影响家长，促成家园教育合力的生成；要认识到同事关系的重要，与同事互相尊重，能发现他人的长处，虚心学习，互相协作，团结一致，创设良好的集体，为幼儿的成长保驾护航，实现幼儿教育的目标。

最后，幼儿教师要认识到个人的成长离不开周围人的支持，要提升自己的礼仪修养，用自己得体的礼仪促进良好的家庭关系和良好的社会关系的形成，为自己的工作获得支持和动力，为幼儿教育工作的顺利推进提供保障。因此，幼儿教师要对家人以礼相待，要爱护家长、关心家长。要在人际相处中，注意一些禁忌，运用得体的处理方法与技巧，以促成良好的人际关系的形成，让自己得以身心愉悦地工作，更好地服务于幼儿、服务于社会。

3. 以礼"保"德

中国有句古话叫"礼多人不怪"，它形象地道出"礼"对于"德"的保证。不管是生活中还是工作中，幼儿教师倘若能提升自己的礼仪修养，促成自己规范的职业礼仪的形成，就可以在工作和生活中用良好的言行化解矛盾，在以礼相待中解决问题。

首先，幼儿教师要提升自己的礼仪修养，就要掌握过硬的礼仪修养知识，以知识武装自己的灵魂，并在对礼仪修养充分理解和掌握的前提下，提升自己的认知，进而理论联系实际，改变自己。如此一来，幼儿教师才能得体地处理好个人与个人、个人与集体的关系，处理好师幼之间、同事之间、家园之间和家人朋友之间的关系，能本着一颗平常心工作，以专业素质、规范行为与礼仪要求自己，让自己在处理这些不同的关系时，彬彬有礼，大方得体，进而在促成个人成长的同时提升幼儿教师的职业素质。

其次，幼儿教师在处理这些关系时，要注意保持自己的风度和仪态。不因私废礼，对他人以礼相待，这也是以礼"保"德的体现。为此，幼儿教师要明确，优秀的幼师在幼儿及家长的心中，除了优良的道德意志、善良纯正的爱心，还要具有文明的谈吐和大方得体的仪表风度。幼儿教师要用自己不温不火的态度、规范的言行和得体的举止，借助于体态、手势、面部表情以及衣着仪容等展示个人道德情操，体现自己的内心美。表现自己的文明行为，进而影响幼儿家长和周围的人，使冲突与纠纷化解于无形中。

总之，幼儿教师要认识到自己肩负的伟大社会使命和光荣职责，了解自身的工作特点，明确必备的礼仪素养，不断提升自己的礼仪素养，将其与文化修养自然地结合在一起，进而更好地承担教育和引导幼儿的责任与使命。

知识拓展

幼儿教师礼仪的实施理念

1. 对有效表达的高度重视

（1）要善于表达。对他人尊重、友好，应该让对方知道。人际交往的内容和形式是相辅相成的。形式表达内容，而内容要借助于一定的形式来表现。在幼儿教育活动中，幼儿教师要通过特定的具体形式，同时结合环境、氛围、风俗习惯等因素，把尊重表现出来，从而让对方了解和感受到。

（2）表达形式要规范。幼儿教师礼仪的核心是一种教育行为规范，是一种人际交往准则。要做到善于表达，就要遵守约定俗成的规范，否则对方就无法理解，或产生理解的偏差，最终导致交往的失败。

2. 以对方为中心

（1）行为合法。我们自觉知法、懂法、守法，做人、做事都需要有"合法"的底线。

（2）交往应以对方为中心。对方需要什么，我们就要尽量满足对方什么。

（3）对方的需要是基本的标准，而不是你想什么就是什么。

3. 合理运用原则

（1）接受对方。在与他人交往时，如果不是原则问题，我们就要平等待人、宽以待人。我们不要轻易对对方的言行进行是非判断，更不要寻衅滋事，寻找对方的缺点，而要主动地采取行动，努力去适应对方。

（2）重视对方。对于自己的任何交往对象，我们都要无一例外地用欣赏的眼光给予重视、高度关注、认真对待、主动照顾，使对方感受到我们的尊重和友好，并且切实体会到他们在我们心目中的重要位置。

（3）赞美对方。在人际交往中，我们善于发现交往对象的长处，并恰到好处且及时地给予肯定，表达钦佩和称赞。懂得欣赏别人长处的人，也就是在欣赏自己，展示宽以待人的美德；不懂得欣赏、不善于发现甚至愿意否定别人长处的人，往往是目中无人的人。

4. 做到善始善终

（1）善始。即要重视首轮效应。当幼儿教师给幼儿及家长留下良好的第一印象时，幼儿会变得比较听话，乐于配合，而且幼儿及家长往往能包容幼儿教师的负面因素。

（2）善终。即要重视末轮效应。幼儿教育活动理应善始善终，始终如一。幼儿教师应努力做好最后环节的工作，幼教机构应做好幼教的配套服务，完善后续服务。

专题二

幼儿教师的形象礼仪

幼儿教师的个人形象体现着个人教养与风貌，潜移默化地影响着教育教学，反映出所在幼儿园的形象。气质优雅、仪表整洁的形象对我们的工作和生活有着重大影响。个人形象是个人素养的外在表现，一个好的外在形象有助于事业的成功，幼儿教师只有把言传和身教结合起来，才能在教育中发挥更大的作用。

主题1　幼儿教师的仪容礼仪

导语

　　仪容通常是指人的容貌。仪容包含头部、肢体、颈部等。对幼儿教师来说，仪容礼仪的首要要求是仪容美，具体而言可以理解为仪容的自然美、修饰美、内在美。仪容端庄、美丽，不仅源于先天造化之神功，更来自得体的仪容修饰、适度的保养和良好的学识修养等后天习得之伟力。

一、职业形象与仪容修饰

　　只有具备一流的职业形象，才能成为一流的幼儿教师；只有拥有一流的幼儿教师，才能拥有一流的幼儿教师队伍，最终打造一所一流的幼教机构。

　　仪容是个人职业形象的重要组成部分，主要包括裸露在外的皮肤、毛发及可感知的体味。得体的仪容修饰除了给他人以良好的第一印象外，还充分展现了这个人追求美、创造美、欣赏美的修养与修为，体现了幼儿教师真诚友善、敬业乐业、值得尊重和信赖的专业精神风貌。

　　懂得尊敬他人、热爱本职工作的幼儿教师，一定会在工作时注重自己的仪容修饰。而其展现出来的整洁、得体的仪容修饰，能给人以工作有条理、认真负责、值得信赖的感觉，也能反映其所在教育机构良好的管理水平、教学质量和发展态势。

二、仪容修饰的原则

仪容修饰礼仪的原则主要包括美化、自然、协调、礼貌、健康五项基本内容。它既是指导人们如何在实践中正确修饰仪容的关键，也是衡量一个人是否具备良好文化水平及审美意识等综合修养的标尺。因此，每一位幼儿教师在不断完善自身仪容之时，都应该遵循这些基本原则，以达到礼敬于人、和谐沟通的目的。

（一）美化原则

美化原则就是要求幼儿教师在了解自己容貌的基本特征和规律的情况下，通过修饰、化妆、保养等方式对容貌进行适度的修饰、矫正，达到美的效果。切忌过分修饰和前卫，美化要符合大众审美标准。

美化原则就是要通过各种方式使自己的形象变得美丽、健康、精神。

（二）自然原则

自然原则要求仪容修饰不仅要美丽、生动、有神采，更要真实、和谐、不矫揉造作。自然才是仪容修饰最高境界的美。妆成有却无，没有明显的痕迹，会给人一种浑然天成的感觉。

具体而言，这就是要求幼儿教师在职场中做到淡妆上岗。浓妆和彩妆在幼儿教师工作中是不合时宜的。

（三）协调原则

协调原则是强调整体美，要求包括头部、颈部、肢体等一系列修饰细节的综合协调搭配。协调原则不仅要求仪容的修饰达到整体协调，还要求身份协调、场合协调、色彩协调、体味协调等，从而达到良好的形象效果。

幼儿教师在个人修饰时要力求达到各部分的协调，任何一个细节的失败将导致整体的失败。

（四）礼貌原则

幼儿教师在进行仪容修饰、个人整理时，应注意场合，切勿当众化妆。修饰用品专人专用，讲究卫生。对于家长或其他人的个人修饰，不当场议论。若发现他人有明显的修饰瑕疵，如脸上有口红印、拉链未拉好等，可善意地私下提醒。

（五）健康原则

健康原则强调在完善自身仪容时注重健康、内外兼修。具体要求是：平衡饮食，睡眠充足，养成良好的生活习惯，保持平和的心态。幼儿教师拥有健康的身体和心理，才会拥有神采奕奕的职业形象。

三、头发修饰标准

发部修饰是指幼儿教师按照职业要求、自身特点、审美习惯及社会风尚等对自己的头发进行清洁、修剪、护理和美化。

（一）头发要干净、梳理整齐

男教师头发长度前不过眉、侧不过耳、后不过领。女教师可以短发、长发束起或盘起，但不剪夸张发型、不披头散发、不染色彩鲜亮的颜色，如粉色、白色或其他引人侧目的颜色。另外，额前发尽量不长过眉毛，避免挡住视线；不使用气味浓烈的美发用品。

（二）不剪夸张发型和不染色彩鲜亮的头发

这些都是避免过于吸引幼儿注意力而干扰了教育教学的内容，避免对幼儿的审美产生影响、使家长对教师教育教学的观念与能力水平产生质疑。不披散头发或者说不梳披肩发，是因为：一是散发披肩，使人的整体形象过于懒散，没有精神，给来园接送幼儿的家长留下不好的印象。二是在教学活动中，散发披肩不利于教学活动，教师在教学中会不断用手梳理头发，使其不遮住眼睛，浪费时间；在幼儿进餐中，头发易落进幼儿碗中，不卫生。在与幼儿亲近时，幼儿会很自然地去碰触教师的身体部位，而长发最容易让幼儿抓握，教师可能会受到伤害。扎起头发，不仅可以展现个人的精神面貌，而且不会影响教育教学活动。

四、面部清理标准

面部是一个人的门面，反映他的内心世界。幼儿教师的面容是幼儿园的门面工程。幼儿教师对自己的面容的注重程度，反映在幼儿家长对其的欢迎与喜爱程度。幼儿教师要用健康、整洁、得体而美观的仪容，赢得幼儿的喜爱，赢得家长的尊重和社会的认可；同时还要注意从以下几方面，提升自己的仪容礼仪。

所谓的面部干净整洁，是指面部的清洁和修饰、口腔的卫生以及面色的健康。

（一）做好面部清洁

面部清洁是指幼儿教师要注意面部的清洁和修饰，养成勤洗脸的好习惯，保持脸、颈及耳朵的干净卫生。

（二）保持口腔卫生

教师的职业特点，决定了自己要经常与幼儿和家长、同事交流，因此口腔的清洁也代表面部仪容礼仪。幼儿教师要养成良好的卫生习惯，保持口腔清洁，坚持餐后刷牙或漱口，及时去除口腔中的食物残渣；入园前不吃葱、蒜、韭菜等有刺激性气味的食物，消除身上的异味，存在口腔问题要及早就医。

（三）保持面色精神

幼儿教师的面色反映了教师的身体状况和精神状态。幼儿教师要注意及时关注自己的面色，发现面带倦容时，要及时处理，确保面色饱满。

五、肢体修饰标准

肢体是幼儿教师在开展幼儿教育活动过程中动作最多的部位，所以对肢体的修饰不容忽视。

（一）颈部修饰标准

颈部紧临面部，是最重要的审美中心之一，也是最容易显现一个人年龄的地方。幼儿教师平时要和对待脸部一样对其进行清洁和保养，注意保持颈部的洁净和美观。

（二）手部护理标准

幼儿教师要注意仪容礼仪，手部的护理必不可少。幼儿教师的双手在教育教学活动中，会频繁使用，因此，手部的护理应注意以下几个原则。

要勤洗手，定期修剪指甲，随时注意保持手和手臂的洁净，要重视手臂的保养与修饰。手部的护理应注意以下几个原则。

首先，保证双手的清洁。幼儿教师要注意讲究卫生，勤洗手。手部清洁时，幼儿教师要注意一些不容易被洗到的部位——指甲缝和手指缝，指甲缝中不能留有污垢。

其次，注意指甲的修剪。幼儿教师要注意养成定时修剪指甲的好习惯，一般来说，指甲的长度不能超过指尖，依据实际情况修剪，一般三天修剪一次。

再次，做好手部的保养。保养手部首先要做到给手部提供足够的营养和呵护，保持手部干净与柔润。每次用手后，幼儿教师要及时洗净手，擦干后搽上比较清爽、滋润的护手霜。从事擦地、打扫卫生等较繁重的工作时，幼儿教师最好戴上手套。冬季天气寒冷时，幼儿教师要注意为手部保暖和防冻，同时要注意选择滋润度更强的护手霜。空闲时幼儿教师要经常做一做手部护理按摩，以促进手部肌肤的血液循环和新陈代谢功能，使手部肌肤更加细腻。

最后，最好远离指甲油。幼儿教师每天要接触幼儿，涂抹了指甲油的双手不免会触碰幼儿的肌肤，天长日久或许会对幼儿的身体健康产生危害。同时，涂了指甲油的双手会吸引幼儿的注意力，使原本注意力保持时间不长的幼儿精力分散，影响幼儿的学习或活动。

（三）腿脚修饰标准

常言道："远看头，近看脚。"幼儿教师要注意进行腿脚修饰，必须做好如下几点：

1. 注意下肢清洁。勤洗脚，勤换袜子、鞋子。

2. 不光腿、不光脚。除夏天穿凉鞋外，一般幼儿教师应做到不光腿、不光脚。在重要场合，幼儿教师还应不露脚趾、不露脚跟。

3. 适当美化。为整体协调，幼儿教师对下肢进行常规的美化处理是非常必要的。幼儿教师应注意定期修剪腿毛和趾甲，忌画脚部彩妆。

（四）控制体味

俗语说："闻香识人。"体味影响对人的判断。体味无形中影响了幼儿教师的形象，而这正是仪容礼仪中容易被忽视的问题。

1. 洁净身体。在职场中保持身体的洁净是基本的礼仪规范。只有长期保持洁净的身体，才能拥有清新的体味。

2. 注意防病。有些人的体臭是由于遗传或患病的原因，比如腋臭、脚臭等，应该立即就医，以免耽误治疗时机。同时，要勤于清洁，勤于更换服饰、鞋袜，不使臭味聚集。

3．合理运用香水。香水是很好的修饰体味的化妆品，香水芬芳的气味具有提神醒脑、控制体味等功效。在人际交往中，正确使用香水控制自身体味，能使一个人魅力倍增、风度迷人。但是，如果使用不当，则会给人俗不可耐、难以忍受的印象。在日常工作中，建议幼儿教师使用淡香型的香水，喷洒数滴即可。

六、妆容的原则

化妆是指通过使用化妆品或美容手段修饰仪容，美化自我形象。它可以改变气色和皮肤，让人看起来精神焕发，更有神采，更吸引人。人际交往中，适度化妆一方面可以提升自己的自信，另一方面则表达了对他人的尊重。

爱美之心人皆有之，尤其是喜欢亮丽的颜色和美好的事物的幼儿更是如此。调查表明，幼儿百分百地将"漂亮"当成喜爱老师的第一理由。其次才是老师照顾他们、教他们知识等。因此，幼儿教师化妆，一方面可以修饰容貌，提升气色，使自己精神焕发地开始工作，用饱满的热情迎接幼儿入园，让家长放心、幼儿开心；另一方面，幼儿教师得体的化妆，让幼儿感受美、欣赏美，对培养幼儿的审美情趣也有着一定的作用。

基于以上原因，幼儿教师最好化妆上岗。不过要注意的是，幼儿教师要化端庄、淡然、自然、清新的淡妆，而不要化浓妆。一般来说，幼儿教师在化妆时，可以遵循以下原则。

一是顺其自然，扬长避短。所谓顺其自然，是指化妆时依据自己的面部特征，略加修饰，而不是刻意改变自己的面部五官或肤色，比如为了掩盖肤色黑故意涂很厚的粉，白是白了，但不符合自己原本的肤色，和暴露在外的手、颈等其他部位形成鲜明的对比，弄巧成拙。

所谓扬长避短，是指化妆时要突出脸部最美的部分，同时借助化妆品掩盖或矫正缺陷或不足之处。

二是和谐得体，讲究科学。和谐得体，是指妆容要自然协调，不留痕迹，最好化生活淡妆，不但给人以大方、悦目、清新的感觉，而且让人感觉庄重；讲究科学，是指不能简单地在面部抹上厚厚的一层化妆品，而要运用化妆技巧，通过化妆手段，使用各种合适的化妆品来取得自然而美丽的化妆效果。

三是整体协调，强调个性。这是指化妆时要因人、因时、因地制宜。要体现出自己的个性美，避免"千人一妆"。在化妆时，幼儿教师不妨根据自己的脸部（包括眉、眼、鼻、颊、唇）特征，进行具有个性美的修饰，比如涂口红，嘴较大、嘴唇较厚的，口红就尽可能涂得淡一些，反之就可以将口红涂得红艳、丰满一些，但不能太浓。眉毛一般不要打理，如果实在需要修饰，幼儿教师尽量画得粗细适中，展现出幼儿教师的亲切，不要画立眉和粗眉，因为前者表示愤怒，后者则显得威严。同时幼儿教师还要根据幼儿园的环境特点或当天的活动、自己的年龄进行不同的修饰。平时工作，幼儿教师只需淡妆，涂上淡淡的腮红，显示青春的红晕，提亮肤色，略加修饰；如果组织活动，妆容可适当浓一些，尤其活动是在夜间，可以使用发亮的化妆品，如亮光眼影、珠光唇膏等，但涂抹的范围不应太大，更不要过分涂抹。

知识拓展

仪容礼仪提升的方法

幼儿教师要提升自己的仪容礼仪，树立自身良好形象，除了不断学习，提升自身的修养、素质，还要掌握一定的改变仪容的方法，提升自己的仪容，以自身形象影响幼儿。

1. 掌握化妆的技巧

幼儿教师的化妆要达到锦上添花的效果，营造幼儿需要的美的生活、美的情感、美的形象、美的环境。因此，幼儿教师掌握一定的化妆方法，帮助自己提亮肤色，让幼儿愿意接受、让幼儿喜欢是必要的。

幼儿教师面部化妆重点应是护肤、修眉、画眼、修饰唇形。因此，幼儿教师有必要掌握基础的化妆技巧。

（1）清洁面部。用洗面奶去除油污、汗水与灰尘，使面部彻底清洁。随后，在脸上拍打化妆水，为面部化妆做好准备。

（2）涂粉底。先涂少量的护肤霜，保护皮肤免受其他化妆品的刺激。此外，它还是为涂敷粉底做准备。接下来，在面部的不同区域涂抹深浅不同的粉底，使妆面产生立体感。然后，用少许定妆粉来固定粉底。

（3）描画眼眉。首先，修眉、拔眉和描眉。其次，沿着睫毛的根部，画好眼线。再次，运用睫毛膏、睫毛器，对眼睫毛进行"加工"、造型。最后，涂眼影，为眼部着色，加强眼睛的立体感。

（4）美化鼻部，打腮红，修饰唇形。美化鼻部就需要涂鼻侧影，使鼻形更好看。用胭脂扑打腮红修饰、美化面颊，使人看上去容光焕发。涂好腮红之后，应再次用定妆粉定妆。修饰唇形，就是先用唇笔描出口形边缘，然后填入色彩适宜的唇膏。

2. 掌握头发打理的方法

幼儿教师的职业，决定了其不能留另类发型，更不能将头发染得五颜六色，通常只有长发和短发两种发型可以选择。那么选择适合自己的发型并巧妙打理，提升自己的形象和气质，就显得非常重要了。

（1）头发的选择。《幼儿教师日常行为规范》明确规定，幼儿教师上班时不得梳披肩发。因此，幼儿教师为了方便起见，多选择留短发，一方面显得精神，树立良好的形象；另一方面则有利于教学活动的开展，保证幼儿的卫生和安全。短发清爽、简单，但重点在于发型的适合。如何选择适合自己的短发呢？注意以下几条原则。

一是要注意脸形，正三角脸形与内扣的短发比较适合；倒三角、鹅蛋脸，任何一种短发类型都没问题；椭圆形脸，可以选择大部分短发；方形脸最好梳中分、三七分的短发，或者留到锁骨的短发。

二是要注意脖子的长短粗细。梳短发要显得有气质，还要与脖子的长短粗细相符，才能更显气质。脖子长，适合短发，不过如果长而粗，则注意不要选择下巴以上的短发，最好选择中长发；长而细的脖子则适合任何一种短发。脖子短，适合长发，尤其是短而粗；如果短而细则适合长度在下巴以上的短发，起到加长的效果。

（2）头发的打理。幼儿教师不能在上班时间梳披肩发，但并不代表不能留长发。如果留了长发，如何在上班期间打理好，既保证幼儿的安全和卫生，方便教学活动的展开，又能彰显自己的气质呢？当然就是将头发束起来或盘起来。

主题2　幼儿教师的仪表礼仪

　　仪表是指一个人精神面貌的外在体现。重点在于幼儿教师的服饰，具有实用性功能和装饰性功能。服饰是一种无声的语言，它传递着一个人的身份、修养、文化、性格、心理状态等信息。幼儿教师为人师表，要注意自己的仪表规范。既能维护个人形象，又能维护所在幼教机构的形象。因此，每一位幼儿教师都应该了解着装的基本常识，把握着装的基本原则。

一、服饰礼仪

　　莎士比亚说："服饰可以表现人格。"后面案例中的这位幼儿教师，没能注意服饰的得体，忽视了服饰礼仪，结果给幼儿教育造成不良的影响。那么，何谓服饰礼仪？讲究服饰礼仪要遵循怎样的原则呢？

　　服饰礼仪作为幼儿教师仪表礼仪的重要内容之一，是幼儿教师在与幼儿、家长、同事和社会上其他人交往过程中，为了相互表示尊重与友好，达到交往的和谐而体现在服饰上的一种行为规范。幼儿教师的服饰礼仪体现了幼儿教师的素养，更是对幼儿实行无声教育的重要方式。

（一）服饰礼仪的作用

　　服饰具有极强的表现功能，在社交活动中，服饰可以帮助人们判断一个人的身份地位、涵养；服饰可以表现一个人内心对美的追求，体现自我的审美感受；服饰可以提升一个人的仪表、气质。因此，服饰作为人类的一种内在美和外在美的统一，是个体表现自身美的重要手段。

市级示范园新来了一名大学毕业的老师。这位新老师到幼儿园报到的第一天，令全园上下"耳目一新"：一头亚麻色的大波浪卷发，彩绘的指甲，精致的妆容，夸张的佩饰，细细的高跟鞋。总之就是两个词——前卫、时尚。大家对于这位"另类"的年轻教师，私下议论纷纷。有人说："这个女孩给人一种不稳重的印象。"有人说："这个女孩不像是一位幼儿老师，心思没放在工作中。"就这样，大家都在观望着这位新教师的不俗的"表现"。果然，开学还没几天，幼儿园就接到投诉：这位新老师班上的很多小女孩回家后要搽妈妈的指甲油，要戴妈妈的项链，甚至一反常态地在上幼儿园前为穿什么衣服和家长闹矛盾，明明很冷的天，却嚷着要穿裙子，家长不同意，小家伙就声称老师就是这样穿的。因此，家长哑口无言。无奈之下，家长求助于园长，园长和新老师进行了一次严肃的交谈，向她明确地指出问题。新老师感到很委屈，自己工作很认真，为什么要挑自己的穿衣打扮呢？

幼儿教师得体的穿着打扮，透射出个人的文化修养和审美情趣。一方面会对家庭、社会产生积极的影响；另一方面在很大程度上提高了幼儿的审美情趣，发展了儿童的认知水平，促进了教师自身素质的优化，是教师敬业、乐业的具体表现，是展开人际交往的名片，在一定程度上反映出其所在幼儿园的管理质量和管理水平，反映了其所在群体的整体素质，从而使之获得更高的社会地位，赢得他人的尊重。

（二）服饰礼仪的原则

服饰作为非言语交流的主要媒介，在人际交往中发挥着自我保护、自我表现、自我肯定、掩盖缺陷、确认所属社会集团、显示地位和角色等功能，它可以表现个人的修养、性格、气质、爱好和追求。因此，幼儿教师要提升服饰礼仪，首先要明确服饰礼仪的TPO原则。

1. T——时间原则。T是Time（时间）一词的首字母，它代表了服饰要遵循的时间原则。这里的时间包括一天中的时间变化、一年的四季不同、时代的差异。具体来说，个体的服饰礼仪涵盖了一天的早、午、晚三个时间段，也包括春夏秋冬四个季节，甚至可以包括不同的时代，做到"随时更衣"。这就要求幼儿教师在服饰的选择上要合乎礼仪，要注意富有时代气息，在颜色、款式、厚度方面要适应四季变化，要顺从昼夜变化。

2. P——地点原则。P是Place（地点）一词的首字母，也称环境原则，主要是指根据环境的变化而选择服饰。幼儿教师的服饰要依据工作性质和工作内容而选择。比如，在组织幼儿进行舞蹈活动时和组织幼儿进行体育活动时，服饰要有所区别。居家和在幼儿园时，服饰也要不同。

3. O——场合原则。O是Occasion（时机）一词的首字母，它包括地域、气候两层含义。幼儿教师要依据时机选择不同的服饰，以体现服饰礼仪。比如，班级内组织教学的服饰、带领幼儿进行户外活动的服饰。

二、幼儿教师着装基本礼仪

幼儿教师的着装是一门学问，也可以说是一门艺术。由于幼儿教师职业的特殊性和教育性决定了他们细微的言谈举止都会对幼儿产生一定的影响。所以幼儿教师就可以把自己的着装融入到教育教学中，根据不同的教学内容来设计不同的着装。为此，幼儿教师要在着装方面注意遵循以下原则。

（一）整洁卫生，美观大方

这是对幼儿教师着装的总要求，也是最起码的要求。所谓美观大方，是指幼儿教师的着装要给人以端庄的美感，不能奇特古怪、艳丽花俏。就像马卡连柯所说："从口袋里掏出揉皱了的脏手帕的教师，已经失去了当教师的资格了。"所以幼儿教师一定要懂得，讲究个人衣着的整洁卫生，是幼儿教师道德修养的表现，更是教育好幼儿的需要。

（二）与自身条件一致

就是指幼儿教师的着装要从自身条件出发，全面考虑自己的体型、肤色、年龄、家庭经济状况等因素，让自身的着装体现自己的风格和个性。美国的巴尔教授说："服装是人们形体美的自我表现。"可见，幼儿教师的着装必须要做到合身得体。要做到这一点，幼儿教师首先要了解自己的体形、身材，其次，必须消除顽固的从众心理。

就这一原则而言，在选择衣着时，幼儿教师要考虑自己的体型，像身材较矮的幼儿教师在衣着的选择上就应以简洁明快、上下色泽一致或上浅下深为主，以便身材反衬得高些。颈部较长的幼儿教师在选择衣着时，则应选择高领、筒领或翻领的衣服，从而增强颈部的粗壮感；颈部较粗的幼儿教师在选择衣着时，最好选V形领口一类的衣着。

总之，得体的着装不但展现了幼儿教师自身良好的精神面貌，还影响幼儿的精神状态，间接发挥着提高教学效率的作用。

（三）要与所处环境协调

幼儿教师身处社会大环境和幼儿园这个小环境之中。因此，其着装一定要与两者相协调。

首先，要与社会环境协调。这就要求幼儿教师要认识到，不同的社会环境有着不同的服饰流向，幼儿教师一方面要不断地接受、选择美的服饰，纳入时代大潮，随时调整自己的着装；另一方面要随着人们的着装观念和审美情趣的变化而调整自己的着装，跟上时代的步伐，从而给幼儿和家长以时代感，与社会环境相协调。

其次，幼儿教师的着装要与幼儿园环境相协调。幼儿教师的衣着在整洁得体的基本要求下，也要随着具体的幼儿园环境的变化而变化。学校的环境是整洁、严肃、活泼向上的，因此课堂教学时的衣着应该整洁而高雅；带领幼儿参加劳动、游乐时，着装要注意简便、轻便。

（四）要与幼儿的特点相符合

幼儿教师的衣着上还要注意体现一切以幼儿为中心的原则，考虑幼儿的年龄、性格等因素。针对幼儿天真烂漫、活泼好动的特点，教师可以选择一些色泽鲜艳、明快的服饰，给幼儿以美的熏陶。同时，尽可能穿长裤，不穿裙子，以方便组织或陪伴幼儿活动或游戏。

三、幼儿教师日常服装的禁忌

要提醒的是，幼儿教师应坚决杜绝穿奇装异服，也不能穿高、中跟鞋和响底鞋。因为幼儿教师的一言一行、一举一动，都对幼儿有着潜移默化的影响，如果教师穿得过于"新潮"，首先会影响幼儿的学习注意力，其次会给幼儿带来审美误导，最后会造成个人或幼儿的安全隐患。因此，幼儿教师的日常服装需要符合职业特点，不能出现以下"五忌"。

（一）过于暴露的服装

幼儿教师的工作环境是幼儿园，幼儿的年龄较小，他们对于身体的认知还不够成熟。因此，幼儿教师的服装不能过于暴露，以免引起他们的不适和误解。

（二）过于花哨的服装

幼儿教师的服装应该以简洁、舒适为主，过于花哨的服装容易分散幼儿的注意力，影响教学效果。

（三）过于紧身的服装

幼儿教师的工作需要重复弯腰、蹲下、抱幼儿等动作，过于紧身的服装会限制动作，不利于工作。

（四）过于暴露的鞋子

幼儿教师的鞋子应该以平底、舒适为主，过于暴露的鞋子容易让幼儿产生不适和误解。

（五）过于花哨的配饰

幼儿教师的配饰应该以简单、实用为主，过于花哨的配饰容易分散幼儿的注意力，影响教学效果。

四、配饰礼仪

配饰，即搭配的饰品。配饰和服装都属于服饰的有机组成部分，用于传达某种特定的想法。

（一）配饰的种类及作用

配饰按佩戴的位置，可以分为头部饰品（以下简称头饰）、胸部饰品（以下简称胸饰）、手部饰品（以下简称手饰）、脚部饰品（以下简称脚饰）等。其中最为常见的佩饰为头饰、胸饰和手饰。

1. 头饰及作用。头饰是指用在头部及面部的装饰，一般指项链、头花、耳环等。相比与其他部位的饰品，头饰的装饰性最强，因而是女性仪容的主要佩饰。恰当而得体的头饰，能直接影响面部美观，对面部容颜起到了衬托的作用。

2. 胸饰及作用。胸饰指佩戴于胸部的装饰，一般指胸针、项链、围巾、领带等，它们对佩戴者起到了烘托的作用，甚至在某些时候起到了画龙点睛的作用。胸针作为服装的重要配饰，多佩戴于西服的脖领上，或饰于羊毛衫、衬衣或裙装上；项链和服装相互辉映，起到了很好的装饰作用；围巾作为配饰使用时，除了起到颈部御寒的作用，还起到改变服装整体风格的作用：领带通常与西服搭配使用，美观大方，又给人以典雅庄重之感。

3. 手饰及作用。手饰指用于手部装饰的物品，包括手链、手镯、戒指、手表等。其中，手链、手镯的装饰性极强，戒指、手表则具备装饰性的同时还起着特定的作用。戒指戴的位置不同，作用也不同。戴在左手的中指上表示订婚，戴在左手的无名指上表示结婚，戴在右手的中指或无名指上则代表未婚。手表的作用则相对较单一，一是用于了解和掌握时间，表示人有很强的时间观念；二是作为饰品搭配衣服，起到提升人的整体气质的作用。

（二）配饰的使用原则

明确了配饰的种类及作用，接下来，要了解一下幼儿教师在使用配饰时，我们要注意哪些礼仪。通常的情况下，幼儿教师的身份决定其不能佩戴过多的饰品，但幼儿教师身份的多重性和为了起到修饰的作用，一些配饰的使用又成为情理中的事情。因此，幼儿教师在使用配饰时，要遵循以下原则。一要遵循整体性原则，即配饰要与衣着、气质、年龄、职业等相配合。不能分开独立看。二要注意与肤色、体形相符，即配饰的搭配要考虑到个人的肤色，要注意与肤色、体型互相衬托，以弥补肤色或身材的不足，比如用胸针点缀，将他人的目光吸引到上半身，以掩盖下半身的粗壮。三要与发型、妆容相符，即配饰要与发型相符，要与自己的化妆风格相符。

（三）得体配饰表现礼仪

幼儿教师大多是女性，她们和快乐的孩子生活在追求新潮的现代节奏中，生活在充满朝气的阳光中。她们一般都会把自己打扮得漂漂亮亮的，给自己增添一点儿"亮点"，于是各种饰物就出现在她们的身上，如造型独特的戒指、代表高雅的项链、富有时尚感的腰带、漂亮的胸针、可爱的发卡……这些饰物虽然为幼儿教师增添许多亮点。但对于幼儿的成长和安全没什么好处。因此，如何既成全幼儿教师的爱美之心，又保证幼儿教育工作的顺利进行呢？这就要求幼儿教师要对饰物科学选择、得体运用，以配饰体现自己的仪表礼仪。

1. 头饰运用礼仪。头部的装饰要与自己的年龄、职业、身份相符的同时，保持少而精。尤其是幼儿教师，虽然是孩子们的老师，和孩子天天生活在一起，但毕竟不同于孩子们，加之头发上如果有很亮丽的修饰物，一方面会引发安全问题，另一方面会分散孩子们的注意力，不利于工作的开展。尤其不要佩戴戒指、耳环和耳钉。

2. 胸饰运用礼仪。除非特殊的活动或场合，不提倡幼儿教师戴领带、丝巾或胸针等胸饰。当遇到重大活动的确需要佩戴时，可以针对活动的性质，选择适合自己的身份、年龄和职业的胸饰。以领带为胸饰时，幼儿教师要注意佩戴领带的相关礼仪。首先要注意场合。在休闲场合通常是不必打领带的。不同的场合选择不同的领带，在喜庆场合，领带颜色可鲜艳一些；在肃穆场合，一般系黑色或其他素色领带。在日常生活中，穿长袖衬衣可系领带，穿短袖衬衫不必打领带。其次要注意领带的位置，应置于西装与衬衫之间。如加穿西装背心或羊绒衫时，应置于衬衫与背心或羊绒衫之间。佩戴领带要注意长度，打好后，下端的大箭头正好抵达皮带扣的上端。最后要注意领带的选择，要与西装和衬衫的色彩搭配统一和谐。

需要注意的是，考虑到幼儿的安全和卫生，原则上幼儿教师平时不宜佩戴胸针等胸饰，如果遇到特殊的场合时，在佩戴时就要注意发挥胸针在整体搭配中画龙点睛的作用。为此，一是要注意胸针的佩戴位置，通常放在胸前，或别在左胸，或别在右胸。如果穿带领的衣服，胸针佩戴在左胸；穿不带领的衣服，胸针佩戴在右胸；头发发型偏左时佩戴在右侧，反之则佩戴在左侧。

知识拓展

仪表礼仪提升的途径

《幼儿教师职业道德规范》规定，幼儿教师的服饰要美观、轻便、整洁，便于工作；上班时不化妆，不留长指甲，不梳披肩发，不佩戴首饰，不穿高、中跟鞋和响底鞋，不穿奇装异服；要根据时间、场合、教育目的的需要来调整自己的外在形象。为此，幼儿教师就要掌握提升仪表礼仪的方法和途径。

1. 学会正确地搭配服装

幼儿教师的服饰要达到美观、轻便、整洁，首先就要学会正确地搭配服饰。为此，幼儿教师可以在服饰搭配和谐这一原则下，依据个人喜好和职业特点、年龄、体型，灵活搭配，根据时间、场合、教育目的的需要来调节自己的外在形象。

（1）色彩要和谐。色彩按照明暗、鲜艳程度可归类为不同的色调，同色调的颜色具有相似的印象，彼此之间容易调和。清浅不含灰的颜色称为明清色，深暗但也不含灰的颜色称为暗清色。明清色、暗清色、鲜艳色都属于清色，而中间大片含不同程度灰色的颜色称为浊色。

在以上颜色相关知识的基础上，按以下原则进行服装搭配，会通过服装提升个人的气质。一是坚持三原色，即服装的搭配不应该超过三种颜色。二是主题色彩原则，即一个搭配中必须有一个主题。三是大面积的纯色最好搭配一种鲜艳的颜色，最多两种。

（2）身体和谐。身体和谐是指服装要与自己的体形相配合，达到扬长避短的效果。按自己的体型，坚持以下方法可达到提升气质和品位的效果。

一是身体越胖，衣服越要轻薄，最好选择休闲或运动的服装。上衣以低V领的款式为最佳，裤子或裙子一定不要穿在衣服外面，更不能用夸张的腰带；颜色最好选冷色系，不能穿强烈的色调，更要极力避免条纹、大方格或大花图案的服装。

二是身材瘦削要穿丰满但不过分紧身的服装，颜色要尽可能鲜艳柔软，可以尝试一些条纹、方形、大花图案的服装。

三是身材矮小要注意上短下长，即上衣不能太长太宽，裤子不能太短，裤腿不要太大，以免削弱了上衣的效果。同时，上装和下装的颜色最好保持一致，以产生纤细的视觉效果。

（3）年龄和谐。年龄和谐就是指服装要与自己的年龄相符。人们一般通过一个人的衣着判断其年龄、性格、职业、文化、气质等。而这些也可以成为服装搭配和谐的原则。

2. 掌握配饰的使用方法

《幼儿教师职业道德规范》规定，幼儿教师不佩戴首饰，不穿高、中跟鞋和响底鞋。实际上，首饰和鞋子，属于服装的配饰。幼儿教师如何在不佩戴首饰的情况下，科学选择服装配饰，体现自己的职业素质和个人气质、修养呢？

（1）运用手表搭配。随着时代的发展，手表不但具备察看时间的功能，同时还可以修饰服装，起到配饰的作用。因此，幼儿教师佩戴手表，可以收到一举两得的作用。一般来说，选择手表时，要坚持以下原则。一是款式符合服装的风格。通常幼儿教师在工作时间都会穿正装，那么就要选择一块端庄、正式的腕表来搭配；如果在平时的休闲活动或生活中，可以选择一块休闲或运动手表搭配。二是表带的颜色要与服装相符。表带的颜色，或是与服装的颜色属于同色系，或是与腰带或鞋子的颜色相匹配，或是同色，或是类似的色系。

（2）巧选鞋子搭配。通常一个人的品位和气质，除了可以从服装加以判断，脚上穿的鞋子是否得体——是否与所穿服饰搭配，也是一个判断的标准。一双高低适宜的鞋子，不仅能尽现幼儿教师的仪态，更能使幼儿教师显得落落大方，且不影响正常的工作。因此，幼儿教师的鞋子的选择相当重要。

无论选择哪种类型的鞋子，最重要的一点就是要保持鞋面整洁，否则会严重影响整体效果。

（3）运用香水烘托。香水可以赋予个人身体部位或衣物以香味，起到控制人体感觉、安抚情绪、掩盖体臭、提高自信的作用。因此，选择一款适合自己的香水，不失为一种极好的搭配服饰的方法。幼儿教师的职业特点，决定了香水的选择要淡雅清新，不能过于刺鼻。还要注意的是，喷洒的时候要集中在耳后或手腕处，不能过多、过浓。

主题3　幼儿教师的仪态礼仪

　　仪态是指人的身体姿态，包括站姿、坐姿、走姿、蹲姿等各种动作。对幼儿教师来说，遵守举止礼仪规范，即要求其举止合乎约定俗成的行为规范。仪态属于人的行为美学范畴。它既依赖于人的内在气质的支撑，同时又取决于个人是否接受过规范和严格的体态训练。

一、目光礼仪

　　目光也称眼神，是面部表情的核心。泰戈尔说："任何人一旦学会了眼睛的语言，表情的变化将是无穷无尽的。"眼睛是五官中最敏感的器官，被称为人类的心灵之窗。它能够自然、明显、准确地表现人的心理活动。

（一）目光的内涵

　　目光是一种真实、含蓄的语言。人们的喜怒哀乐、爱憎好恶等思想情绪，都能从眼睛中表现出来。专家研究表明，眼睛的瞳孔受中枢神经控制能如实地显示大脑正在进行的一切活动。当人们看到有趣的或心中喜爱的东西时，瞳孔就会扩大，而看到不喜欢的或厌恶的东西时，瞳孔就会缩小。可以说，瞳孔是人们的兴趣、偏好、动机、态度、情感和情绪等心理活动的高度灵敏的显像屏幕。

　　在与人交往中，不同的目光会给人留下不同的印象。目光亲切、友善，给人以平易近人的印象；目光炯炯，给人以精力旺盛的印象；目光坦然，给人以值得信任的印象；目光如炬，给人以富有远见的印象。反之，目光迟钝，给人以衰老、虚弱的印象；目光闪烁，给人以神秘、心虚的印象，等等。

对幼儿教师来说，在与他人交往时，应始终保持友善、真诚的目光。对待幼儿，目光应该充满慈爱、和善、欣赏。

（二）目光礼仪的原则

人的眼神与舌头会说的话一样多，不用字典，却能从眼睛的语言中了解一切。因此，幼儿教师要学会适时而科学合理地运用眼神，坚持以下三原则，使眼神发挥出有声语言不可替代的作用。

1. 注意视线接触的角度。在注视他人时，目光发出的方向，决定了与交往对象的关系远近。双眼注视他人的常规角度包括平视、侧视、俯视和仰视。一般来说，幼儿教师在人际交流中要多运用平视的方式与人交流。因为平视代表着与交流对象身份、地位平等，表达对对方的尊重。幼儿教师在和幼儿家长、同事交流时，可用平视的目光；与幼儿交流时，不妨蹲下身，也用平视和其交流，让幼儿感到被尊重和理解。在和上级、长辈、专家交流时，可以采用仰视的目光，以示尊重和敬畏。当然，当幼儿受了委屈或犯了错误时，可以用俯视的目光，以表达对孩子的怜爱和宽容。

在人际交流中如果运用侧视，那么千万注意要面对对方，否则就会表现为斜视，这是一种极其失礼的行为。此外，盯视和眯视这两个角度更是要不得。因为盯视传递着一种不礼貌的语言，会让对方感觉不舒服，甚至有受到侮辱甚至挑衅的感觉，这是极其不礼貌的。眯视传达的是不太友好的语言，除了令人产生被睥睨与被傲视的感觉，还让人感到冷漠，令人产生距离感，不利于良好的人际关系的建立。

2. 注意视线接触的时间。人际交往中，与他人视线接触时间的长短，也是一种礼仪。一般来说，与人交谈时，视线接触对方脸部的时间应该占全部谈话时间的30%～60%，如果超过或低于这一数值就会令人产生不舒服和无视的感觉。因此，幼儿教师要把握好这一时间长度。通常，长时间凝视交流对象会被认为是对私人空间或势力范围的侵犯，是极其不礼貌或挑衅的行为；完全不与对方视线接触，则会被认为自高自大、傲慢无礼，或者空虚、慌张，又或者试图掩饰什么。

在人际交往中，听者通常会多注视说话的一方。同时，为了向对方传达友好的信息，可以在相处的三分之一的时间里都注视着对方。如果表示对对方的关注，尤其是向对方请教问题，则可以将时间占到相处时间的三分之二。

3. 注意把握双眼注视的位置。人际交往中，双眼的视线停留的部位也可以反映出人际关系的状态。幼儿教师要注意的是，与关系密切的朋友相处时，视线可以停留在两眼与胸部的三角形区域，这就是社交上所称的亲近注视，当然，如果与幼儿相处时，不妨也可以采用这种方式，以示亲近。与幼儿家长或其他关系普通的人相处时，要将视线停留在对方双眼和嘴部之间的三角形区域，这就是所称的社交注视。除非必要，不要将视线停留在对方前额，因为这样的注视就是严肃注视，会制造紧张气氛。当然，幼儿犯了严重的错误时，可以用双眼这样注视幼儿，从而让幼儿产生压力感，主动承认自己的错误。

总之，眼睛的语言展现一个人的品质与修养，幼儿教师在工作和生活中要掌握好眼神礼仪，科学而又艺术地用好双眼，进而营造良好的人际关系，以便更好地服务于幼儿教育。

二、微笑礼仪

在人的面部表情中，除目光之外，最动人、最有魅力的就是微笑。它是沟通双方心灵的润滑剂，是最能打动人的无声语言，被称为"世界语"。

（一）微笑的作用

微笑是人际关系的黏合剂，是参与社交的通行证，也是为人处世的法宝。在人际交往中起着重要的作用。一个对你微笑的人，很容易体现出他的热情、修养和魅力，从而得到你的信任和尊重。你的微笑同样会让他人体验到幸福感，觉得自己是一个受别人欢迎的人、受人尊重的人。真诚的笑容是人际交往的一种轻松剂和润滑剂，可以缩短彼此之间的心理距离，为深入的沟通与交往创造和谐、温馨的良好氛围。

幼儿教师坚持微笑迎送与接待，是自信的反映，是个人礼宾修养的充分体现；是与人和睦相处的能力表现，是身心健康的标志。同时，幼儿教师的微笑也是热情大方、亲切友善、关爱孩子的有效表达方式，能够给对方留下美好印象，让家长放心、让孩子亲近、让公众赞赏，让领导和同事肯定。

（二）微笑的规范

微笑是社交场合最富有吸引力的面部表情。

1. 微笑适度。对微笑基本要求是真诚、自然、亲切、甜美。微笑时，面部肌肉放松，嘴角两端微翘，适当露出牙齿，不发声。初次见面时，应亲切微笑，面带笑意，笑不露齿；与他人交流时，应保持温馨的微笑，嘴角微微上扬，稍微露齿，让人感觉到尊重、友善、亲切与热情；与他人合作成功、送客时，应显露愉快的微笑，自然地露出牙齿。

2. 表里如一。微笑要发自内心,做到表里如一。在工作中,幼儿教师应注意保持良好的心境和情绪。

3. 整体配合。面含微笑时,幼儿教师必须注意面部其他部位的相互配合。协调的微笑,应同时做到双眼睁大且目光柔和,眉头舒展,眉毛微微上扬,整体感觉应似"眉开眼笑"。

4. 重视场合。坚持微笑迎送与接待是对幼儿教师工作总体的要求。但在具体工作中,不能不顾交往情境的变化而一味地只是微笑。幼儿教师还必须重视当下的环境和交往对象的具体情况,表情要互动,才能达到良好的交往与沟通效果。

遇到以下这些情况,如果面露笑意,往往会使自己陷入十分不利、十分被动的处境:在进入气氛庄严、肃穆的场所时,在面对他人的不幸时,在因幼儿违反纪律而对其进行教育或处罚时,在看到对方因出了洋相而感到尴尬时,在看到对方有某种先天性的生理缺陷时,在对方满面哀愁时,在面对重伤病人及其家属时,在悼念场合或殡仪馆中时……

(三)笑的禁忌

在工作场合,应力戒不合适的笑。

1. 假笑。假笑即笑得虚假,皮笑肉不笑。它有悖于笑的真实性,让人感觉虚情假意,为人不真诚。

2. 冷笑。冷笑是含有怒意、讽刺、不满、无可奈何、不屑、不以为然等意味的笑。这种笑非常容易使人产生敌意。

3. 怪笑。怪笑即笑得怪里怪气,令人心里发麻。它多含有恐吓、嘲讽之意,令人十分反感。

4. 媚笑。媚笑即有意讨好别人的笑。它亦非发自内心，而是抱有一定的功利性目的。

5. 窃笑。窃笑即偷偷地笑，多表示扬扬自得、幸灾乐祸或看他人的笑话。

6. 大笑。在公共场合放声大笑或无节制地傻笑，非常不雅，容易影响、打扰他人，是缺乏自控力、缺乏教养的表现。没头没脑地边看别人边哈哈大笑，更是非常失礼。此外，在一般场合，假笑、傻笑、冷笑、怪笑、媚笑、窃笑、狂笑、讥笑、嘲笑、奸笑、狞笑等，传递的都不是真诚友好、礼貌与尊重，都是应该努力避免的。

总之，微笑应该是个人素养、内心情感的自然展现。准备工作时，幼儿教师要调整好心态，排除一切不良心理因素和外界干扰，用真诚而自然的微笑展示幼儿教师的专业形象和良好沟通能力。

二、站姿礼仪

站立是人们生活中最基本的举止，是人体静态的造型动作，是优美仪态的基点，是表现举止动态美的基础。

幼儿教师正确规范的站姿，给人以挺拔端庄、舒展优美、自信大方的感觉，给人可靠诚信、脚踏实地、值得信赖的印象，能够展现出幼儿教师美好的个人气质与风度。同时，幼儿教师站姿端庄大方，易于给幼儿树立良好的榜样，有利于他们健康成长。

（一）日常标准的站姿。

此时要抬头，腰背挺直，两眼平视，面带微笑，双臂自然下垂或搭放于腹前。需要较长时间的站立时，可以将这一标准站姿的脚姿略作变化，一种方法是将两脚略分开，两脚外沿宽度不要超过两肩的宽度；另一种方法是以一只脚为重心支撑站立，另一只脚稍微弯曲以休息，然后轮换。

（二）交谈的站姿。

幼儿教师的站姿礼仪，还包括与人沟通时的站姿。与人交谈的姿势多以站姿为主。此时的站姿不妨放松些，以自然亲切为主，尤其是对幼儿时，可以采取对坐、蹲下、搂抱，尽量与交谈方保持相应高度的变化姿势。需要注意的是，站立时向幼儿或家长问好，或对幼儿或家长的问好表示回应时，可以采取双手搭于腹前，身体前倾15度的姿势后身体恢复站姿状态，以此向对方表示问好。或是对对方的问好给予回应。千万不要在站立时双手抱胸前、靠墙、歪斜、双手插在口袋里。

三、行姿礼仪

良好的行姿是人体的一种动态美，能够表现出一个人的气质、风度和风采。走路时稳健协调、从容自然，能有效地展现幼儿教师自信稳重、精明干练的为人处世能力和工作作风。

（一）日常走姿

行走是人生活中的主要动作，走姿是一种动态的美。"行如风"是用风来形容轻快自然的步态。幼儿教师日常走姿难道要"行如风"吗？其实不然。平时走路时，幼儿教师要做到：头正，双眼向前平视；肩平，双肩自然下垂；身躯挺直，保持腰背部直立但不左右摇摆，挺胸、抬头、收腹；迈步时，两只脚的脚尖朝向正前方，步幅适度，双脚间距离一般为一脚长或一脚半长，步速要保持均匀。切记不要将双脚向内或向外，以免形成"内八字"或"外八字"的走姿。同时，双脚不要抬得过高或过低，过高给人不稳健的感觉；过低则显得老态龙钟，缺乏朝气。

（二）变相走姿

除了注意日常走姿礼仪，幼儿教师还要注意在某些情况下的变相走姿礼仪。变相走姿包括后退走和侧身走两种。

后退走一般用于向他人告辞时，要先向后退两三步，再转身离去。退步时，脚要轻擦地面，不要高抬小腿，后退的步幅要小，转体时要先转身，头稍候再转。

侧身步，一般是在接待来宾，做引导时。走路时，尽量走在宾客的左前方，髋部朝向前行的方向，上身稍向右转体，左肩稍前，右肩稍后，侧身向着来宾，与来宾保持两至三步距离。走在较窄的路面或楼道中与人相遇时，要采用侧身步，两肩一前一后，将胸部转向他人，而不是将后背转向他人。

（三）走姿的禁忌

除了以上走姿，幼儿教师还要注意一些走姿的禁忌：一是走路时不要方向不定，忽左忽右；二是不要摇头、晃肩、扭臀；三是不要出现扭来扭去的"外八字"步或"内八字"步；四是走路时不要左顾右盼，重心后坐或前移：五是不要奔跑、蹦跳或大喊大叫，更不要双手插裤袋或反背双手于身后。

四、坐姿礼仪

自古以来，我国就对坐姿有相当严格的礼仪要求，于是才有了俗语："站有站相，坐有坐相。"坐姿文雅、端庄，不仅能给人以沉着、稳重、冷静的感觉，而且可以展现人的气质和修养。因此，幼儿教师要掌握相关的坐姿礼仪。

（一）日常坐姿

日常生活中，幼儿教师要注意自己的坐姿。下面，我们按入座、就座和离座来谈一下日常坐姿。

要谈坐姿，首先就要入座。如何入座呢？走到座位前，缓慢转身，右脚向后退半步，然后从座位的左侧轻稳坐下，并把右脚与左脚并齐。如果穿裙子，那么女教师在落座时要将裙子后片用手向前拢一下。

入座后，上体自然挺直，挺胸；女教师双膝自然靠拢，脚跟靠拢，男教师则双膝可以分开一段，与肩同宽；双腿自然弯曲，双肩平整放松，双臂自然弯曲，双手自然放在双腿上，掌心向下；头放正、嘴角微闭，下颌微收，双目平视，面容平和自然。要注意的是，坐在椅子上，要坐满椅子的三分之二，脊背要轻靠椅背。

离座时。同样要自然稳当，将右脚向后收半步，然后起立，起立时动作要轻缓，右脚前进一小步，与左脚平行，转身离开座位。

（二）教学坐姿

以上坐姿都是日常坐姿，作为幼儿教师，还要注意教学坐姿：面对幼儿端坐，双腿并拢，上身挺直，双手自然摆放，或左手搭右手放膝盖上。需要注意的是，幼儿教师在教学中，不能坐在幼儿的桌子上，不能跷二郎腿，更不能将腿伸得很长，妨碍幼儿行走，造成安全隐患。

五、蹲姿礼仪

蹲姿是人处于静态时的一种特殊体位。幼儿教师的工作对象——幼儿的年龄和身高特点，决定了蹲姿在幼儿教师工作中的经常性。因此，幼儿教师要掌握正确的蹲姿，做到"蹲下来和孩子说话"。

（一）蹲姿的意义

蹲姿代表着幼儿教师和幼儿在同一个水平高度对话，不仅能从行为上直接表示对幼儿的尊重，还有利于幼儿教师在幼儿的高度审视周围环境，更好地理解幼儿在环境中的表现，将形式上的"一样高"转化为教育意义上的"一样高"，提升教师教育指导的有效性。

（二）蹲姿的基本规范

需要下蹲时，首先要与前后的人保持一定的距离，注意自己所处的方位，选择合适的蹲姿；其次将双腿靠紧，臀部朝下。

（三）蹲姿的要点

下蹲时，要迅速、美观、大方；下蹲后重心要稳，令臀部朝下。女教师在蹲下时，要注意双腿要并拢。男教师在蹲下时要注意略分开双腿。另外，下蹲前，幼儿教师要调节好自己的位置和方位，保证蹲下后面向幼儿，并与幼儿保持适度的距离。离幼儿过近或过远都不妥。

幼儿教师要注意的是：下蹲时容易出现身体前倾、含胸低头、重心不稳、双腿分开距离过大、臀部上翘、重心前移、露出内衣等不妥当的情况，应多加注意。

六、手势礼仪

手作为人体的重要的器官，在表情达意方面，同样发挥着重要的作用。手部可以做出不同的动作，表达出不同的情感，也反映出一个人的素养，所以幼儿教师是人际交往的礼仪之一。

（一）幼儿教师手势的作用及种类

据研究表明，将手势和表情相结合，可以传导信息的40%。出于内心情感表达的需要做出恰当的手势，尤其是瞬间做出的手势，可以反映出人的修养、性格。手势可以增强教学效果，所以幼儿教师要注意手势语言的运用幅度、次数、力度等技巧，以各种不同形态的手势辅助教学，传递心声，显露情感。

通常，手势由进行速度、活动范围和空间轨迹三个部分所构成，在教学中主要用于表示形象、传达感情。幼儿教师经常使用的手势可以分为以下四种：一是形象手势，即用于模拟事物形状的手势；二是象征手势，即表达抽象意思的手势；三是情意手势，即用于传达情感的手势；四是指示手势，即指示具体对象的手势。

（二）幼儿教师保持手势礼仪的原则

幼儿教师的手势是如此丰富，对幼儿的影响不可忽视。这就要求幼儿教师在运用手势时，要注意遵循一定的原则，以保证手势的礼仪要求。

1. 幅度适当。幼儿教师在运用手势时，要注意控制手势的幅度。幅度要控制在对方的视线和自己的胸区之间；手势的左右摆动幅度，要控制在自己的胸前或右方，不能太宽。在教学活动中，手势的动作幅度更不应该过大，次数也不应该过多，更不应该重复。

2. 自然亲切。幼儿教师在课堂上要多用柔和的曲线手势，少用或尽量不用生硬的直线条手势，以求拉近教师与幼儿之间的心理距离。幼儿的情绪感染力比较强，教师可以自然地抱抱他们、摸摸他们，获得幼儿的认可。

3. 恰当适时。幼儿教师在开展教学活动时，要注意借助于恰当和准确的手势，加强表达效果，吸引幼儿的听课注意力。切记不要一直挥舞双手或不礼貌地摆动手臂，因为这样的手势会给人以教训的意味；不要胡乱地摆动双手，也不要把手插进衣兜或按住讲桌不动。手舞足蹈会令人感到轻浮、不稳重，过于死板又会使幼儿感到压抑，总之，应以适度为宜。

4. 简洁准确。在教学中，手势是教师最明显、最丰富，也是使用最频繁的教具之一。在组织活动时，幼儿教师要注意手势的舒展适度，既不要过分单调，也不要过分繁杂。手势应该正确地表示感情，通常的情况下，用向上、向前、向内的手势表达失败、悲伤、惋惜等情感。

（三）幼儿教师手势语的规范用法

幼儿教师的工作离不开手势，种类繁多的手势表达微妙复杂的含义和情感。因此，幼儿教师要注意规范自己的手势，用以表情达意，发挥其在幼儿教育中的作用。

1. 垂放与背手。垂放手势是幼儿教师最基本的手势。手的垂放位置包括两种：一是双手自然下垂，掌心向内，叠放或相握于腹前；二是双手伸直下垂，掌心向内，分别贴放于大腿两侧。一般在站立或行走时，教师通常采用两手垂放或者背手两种基本的手势。

背手手势多在站立、行走时出现，一方面用以显示教师的身份；另一方面可以镇定自己。在做这种手势时，幼儿教师要将双臂伸到身后，双手相握，同时要昂首挺胸。需要注意的是，背手手势极易令他人产生盛气凌人的感觉。因此在正式场合，如家长接送幼儿或与家长沟通，或者有领导和长辈在场的情况下不要使用。

2. 持物、递物和接物。持物，即手持物品。通常，幼儿教师在处理幼儿园的大小事务时，或者摆放物品、教具时，都要运用这一手势。做这一手势时，幼儿教师要注意稳妥、自然、到位，且注意卫生。递物和接物，是指幼儿教师在幼儿园与其他同事或幼儿接、递物品的手势。这一手势要求尽可能用双手，如果双手不方便时，尽量用左手，因为右手递物是一种无礼的行为。无论是递物还是接物，都要注意主动上前，要利于对方接拿。如果接递的是尖锐的物品或刀具，为了安全起见，一定要将尖角或刀口朝向自己。

3. 握手。握手是指幼儿教师与家长、同事之间的手势礼仪。该手势可以起到直接沟通的作用，遵循的是"尊者为先"的原则。所谓尊者为先，即一般由握手双方之中身份较高者首先伸出手来，反之是失礼的。具体表现在，一是女士同男士握手时，应由女士首先伸手，男士后伸；二是长辈同晚辈握手时，应由长辈首先伸手，晚辈后伸手相握；三是上级同下级握手时，由上级首先伸手，下级才能伸手相握。当然，如果是一个人与多人握手时，可以遵循从"尊"到"卑"的顺序，也可以按由近及远的顺序。如果是宾主之间的握手，那么则要客人抵达时，主人首先伸手，以表欢迎；客人告辞时，客人首先伸手，请主人留步。

当幼儿家长到幼儿园来访的时候，幼儿教师如果采用握手的方式欢迎家长时就要在固定的位置，比如在活动室门口和家长一一握手，绝对不能有所选择地握手。以免没与之握手的家长产生被轻视的感觉，更不能变换握手的位置，以免因差异而令家长产生不公平感。握手时，手部的动作要和身体相协调；幼儿教师还要注意力度要适中，握手的时间要适度，不能久久握着对方的手不放，这样会显得失礼。

4. 挥手道别。幼儿教师每逢离园、下班时，要与幼儿、家长或同事道别，此时就用上了挥手道别这一手势。做这一手势时，幼儿教师要将右手举过头侧眼睛的视线下落的范围，掌心朝前，五指并拢后自然弯曲，左右摆动，身体保持直立。

5. 引导手势。幼儿教师在幼儿园接待家长或外来人员时，会用到引导手势。做这一手势时，幼儿教师要注意面向对方，手臂上伸，掌心向外，给对方以前行的提示。

6. 鼓掌。鼓掌是用以表示欢迎、祝贺、支持的一种手势。正确的手势：以右掌有节奏地拍击左掌。幼儿教师在教学或活动中，发现幼儿表现良好时，可以用这种方式引导其他幼儿夸奖对方。在参加会议时，也要使用这种手势，以表示对发言者的感谢。

7. 夸奖。教师经常会用夸奖手势表扬幼儿。这一手势需要伸出右手，竖起拇指，指尖向上，指腹面向被夸奖者。幼儿教师要注意的是，使用这一手势时，不要将右手拇指向下竖起去指其他人，因为这样的手势代表侮辱或藐视；更不能用这一手势指着自己的鼻尖，因为该手势表示自高自大、不可一世。

知识拓展

仪态礼仪提升的方法

俗话说得好："三分容颜，七分打扮。"优雅得体的仪态除了受环境潜移默化的影响，关键还在于后天的训练和学习。因此，幼儿教师要在明确幼儿教师职业的相关规定之外，合理且科学地装饰自己，还要注意进行科学的训练和学习，由内而外地提升自己。

1. 进行科学的形象训练

优雅得体的仪态犹如高楼大厦，形体是地基，行为姿势是结构，举止谈吐是砖瓦，衣着妆容是装潢，只有这一系列"材料"保质保量地组合在一起，才能呈现出建筑的美丽。因此，科学的训练对于提升幼儿教师的仪态、气质和风度很重要。

（1）微笑训练。幼儿教师如果要保持美好的面部表情，就需要在平时多加训练，让自己笑得专业——让幼儿喜欢，让家长放心。

方法1：对镜微笑

找一面镜子，在一个光线充足的地方，调整好呼吸，对镜观看自己不带表情、放松的脸。想象自己是一名幼儿，当你看到自己这样的表情时是什么感受。然后用一本书挡住双眼以下的部位，想象自己是一个最受欢迎的人，想象自己的面前站着自己最喜欢的人，此时，你的双眼和嘴唇必定带笑，放松嘴唇，此时你的双眼就在微笑。

方法2：含筷微笑

找一根干净、光滑的圆柱形筷子，将其横放在嘴中，用牙轻轻地咬住或含住。观察自己的表情，从中挑选出令自己满意的笑容，并时常保持这样的微笑。

除此之外，幼儿教师在业余时间里还要多多回忆微笑的好处，回忆美好的往事，使自己产生发自内心的感动，使自己的嘴角露出微笑；也可以经常听一听美妙的音乐、幽默笑话等，让自己经常露出会心的微笑。

（2）站姿、坐姿、走姿和蹲姿训练。幼儿教师要保持优美的仪态，除了要注意保持正确的姿势，还要在平时多加训练。下面，分别介绍几种相关的训练方法。

方法1：顶书训练站姿

把书本放在头顶中心，头、躯体保持平稳，不要让书本滑落下来。这种训练方法可以纠正低头、仰脸、头歪、头晃及左顾右盼的毛病。

方法2：背靠背训练站姿

两人一组，背靠背站立，两人的头部、肩部、臀部、小腿、脚跟紧靠，并在两人的肩部、小腿部相靠处各放一张卡片，不能让其滑动或掉下。这种训练方法可使后脑、肩部、臀部、小腿、脚跟保持在一个水平面上，看起来身姿挺拔。

方法3：对镜训练站姿

面对镜面，检查自己的站姿及整体形象，看是否歪头、斜肩、含胸、驼背、弯腿等，发现问题后及时调整。

以上训练方法，每次训练应控制在20至30分钟，训练时可以配上轻松愉快的音乐，用以调整心境，防止训练的单调性，缓解疲劳感。

方法4：双腿夹纸训练坐姿

并拢双腿，大腿平行于地面，与小腿呈直角，将一张A4纸夹在双膝间，维持这个姿势10分钟。然后坚持每天做，直到最后能轻松夹住一张纸。

2. 不断阅读，提升内在素养

腹有诗书气自华，最是书香能致远。幼儿教师良好的形象，除了专业的礼仪训练以外，内在的素养提升同样重要。只有内外结合，才能让一名教师散发出迷人的魅力。为此，幼儿教师要将读书当作生活中不可缺少的一部分，让自己于长期的读书中，熏陶出一种独特的文化气质和儒雅风度。当然。读书的范围可以依个人兴趣扩大涉猎面，比如读名著、观历史、品文化、学心理，甚至天文现象、生活常识、科学故事等都可以阅读。通过不断地读书和学习，不断地给自己"充电"，让自己拥有源源不断的"活水"，从而为自己的成长提供坚实的保证。内在的素养与外在的礼仪相得益彰，自然会让你由内而外地变得魅力无穷。

主题4　幼儿教师的体态语礼仪

导语

　　体态语是一种通过人的表情、动作和身体姿势等独自或配合有声语言传递相关信息的语言形式。幼儿教师体态语是指幼儿教师在教育过程中，通过眼神、表情、手势、姿态等身体动作对幼儿传递信息、表达情感和态度的无声语言形式。因此，幼儿教师在讲课时，需要配以适度的手势来强化讲课效果。手势要得体、自然、恰如其分，要随着相关内容进行；幼儿教师站姿的基本要求是端正、稳重、亲切、自然；教师的坐姿是一种静态造型，端庄优美的坐姿会给幼儿以优雅、稳重、自然、大方的美感，从而提升教学效果。

一、体态语的基本礼仪

　　体态语是人际交往中传递信息的表情和动作，亦被称作人体示意语言、身体言语表现、态势语、动作语言等。体态语礼仪是指在幼儿园活动中，幼儿教师的表情、动作、姿态等所要遵循的礼仪规范。

（一）体态语对于幼儿教师的作用

　　正确运用体态语，讲究体态语礼仪，使得举手投足间都有内在的根据和清楚的用意，这样能更好地辅助有声语言发挥体态语的表达和交流作用，能对幼儿教师的信息传递起到意想不到的效果，可以大大提高人际交往的影响力和感染力。体态语对于幼儿教师来说有如下的作用。

1. 体态语可以补充、强化语言的表达。幼儿教师在进行有声语言的表达时，总是会伴随身姿、体态、神情，这些与有声语言一起作用于幼儿的听觉和视觉，这些体态语能强化有声语言的信息，使有声语言富有感染力，更加生动形象。

2. 体态语可以帮助沟通、交流情感。有句话叫"言为心声"，我们这么理解，体态语就是"无言的心声"。幼儿教师在教育教学活动中，恰当使用体态语有助于师生双方心理和情感的交流，幼儿能通过感受和观察教师的言语和体态语，体会教师的内在情感。

3. 体态语能吸引注意力，激发兴趣。心理学研究表明，幼儿注意力集中的时间较短。为了有效地进行教育教学活动，幼儿教师有意识地运用表情、眼神、手势等体态语，可以使幼儿较好集中注意力和提高学习兴趣，并不断获得新的刺激。

（二）幼儿教师应用体态语礼仪的基本准则

1. 应用体态语要自然、适度。体态语其实并没有统一的模式，在应用时可以具有幼儿教师的个性特点，总的来说应自然大方，不要矫揉造作。应用体态语的频率、幅度、力度都要适度，因为它只是为有声语言起到辅助作用，不应喧宾夺主。

2. 应用体态语要得体、和谐。应用体态语要分场合、对象，比如教学活动和教育过程，课堂与课外的不同场景，幼儿年龄大小的不同，幼儿性格的不同，等等。

（三）幼儿教师体态语的忌用和正确用法

1. 忌用：两手抱臂、叉腰、背手、插口袋，眼睛斜视幼儿。

正确用法：两手自然下垂，身体前倾，眼睛正视幼儿，微笑着与幼儿进行眼神交流。

2．忌用：食指指点幼儿。

正确用法：手臂伸向前，向幼儿示意或做邀请状。

3．忌用：倚墙、桌等物与幼儿、家长交流。

正确用法：自然站立，面带微笑、身体前倾。

4．忌用：手拉扯幼儿衣服，反复推搡或移动位置。

正确用法：语言提醒或手势指示。

5．忌用：站立与幼儿交流。

正确用法：蹲下来和幼儿亲切交流并辅以摸头、摸手、拍背等动作。

6．忌用：面对幼儿跷二郎腿。

正确用法：双脚并排靠拢，手自然放腿上。

7．忌用：站立或坐时，双脚或单脚来回移动。

正确用法：自然站立或双脚并排靠拢，手自然放腿上。

8．忌用：对幼儿回答问题不正确或操作活动不成功时，教师噘嘴、皱眉、摇头、咂嘴、拒绝性撇头、排斥性低头。

正确用法：用微笑鼓励，并用语言提示。

9．忌用：幼儿主动与教师交流时教师不理睬或冷漠。

正确用法：眼神与幼儿对视，热情应答，并辅以摸头、摸手等动作。

10．忌用：在幼儿面前挖耳朵、鼻孔及搔头。

正确用法：杜绝在带班活动中挖耳朵、鼻孔或搔头。

二、身姿语礼仪

身姿语包括行姿、站姿、坐姿。幼儿教师的身姿语给幼儿以第一印象，好的教师一出场就能对幼儿产生磁铁般的吸引力。

教师的行姿，给幼儿第一印象。行走时步伐应稳健、轻捷，不应慌慌张张、摇摇晃晃、拖拖沓沓；身体重心应均衡分布在两脚之间，也可根据表达的需要落在前脚上；与幼儿交谈时，上身可略微前倾，给幼儿以亲切和蔼的形象，不应上身后仰、左右摇晃或轮流抖动，以免给人留下轻率、傲慢或慌张的印象。

教师的站姿要精神饱满，保持端庄、稳健、挺直，身体不要后仰、歪斜，或左摇右晃。有些幼儿教师站立时弯腰驼背，这会让幼儿感到精神不振。教师站累了，可将身体重心轮换放在一条腿上，作稍息的站姿、坐姿，是双向性的会话式语境中听、说双方的基本身姿。教师的坐姿反映心理状态：如抬头仰身靠在座位上，反映了倨傲不恭的心理；上身略为前倾，头部侧向说话者，是洗耳恭听的态势；欠身或侧身坐在椅子的一角是谦恭或拘谨的反映；等等。

三、空间距离语礼仪

谈话双方空间距离的远近，往往反映双方的谈话内容和人际关系等，称为空间距离语，也叫界域语。一般来说，当双方关系较为密切或者当谈论的话题具有不宜扩散性时，会近距谈话；当双方关系一般，交谈内容是公事时，会采用中距谈话；当双方关系比较疏远，会采用远距离谈话。在幼儿园，幼儿教师要根据特定的谈话情境和谈话对象，合理调节与幼儿的空间距离，实现教育教学的目的。

幼儿教师进行教学活动时，为了保持师生关系，可以拉近与幼儿之间的空间距离。比如，提问时走到幼儿中间，手工活动时深入幼儿座位之中进行指导，既要关注距离较近的幼儿，也要照顾到后排幼儿。教师与幼儿个别交谈时的空间距离要适中，对年龄较小的小朋友可用较近距离，可用手抚摩幼儿的头以示亲近；对年龄稍大的小朋友，尤其是异性幼儿，空间距离不可太近，也不要随便用手触、拍幼儿头部或肩部，以免引起幼儿反感。

四、手势语礼仪

人们常说："手是人的第二张脸。"其实，手的动作是态势语的一个重要组成部分。手势语的意义非常丰富，手势语一般分成四种：一是情意手势，二是指示手势，三是象形手势，四是象征手势。当说话者表达情感时，可使用情意手势；当要指明要说的人、事物、方向时可使用指示手势；当描摹、比画具体事物或人的形貌时，可使用象形手势；当表达抽象概念，可使用象征手势。

幼儿教师要在课堂教学中积极使用手势语，这也是较好掌握的一种体态语。手势语的使用目的要明确，不能随意，可以根据不同的教学内容选择不同区域、不同指向、不同含义的手势。幼儿教师还要注意克服常见的不良手势，如：抓耳挠腮、指指点点等。

五、表情语礼仪

从某种程度上说，表情是人的心理活动的一面镜子。表情语的使用在人与人的交往中有重要的作用。人们常说"察言观色""听其言而观其色"，就是指通过表情语来理解人的心理。

幼儿教师的表情语对幼儿的影响较大。通常可以分为两种：一种是使幼儿产生良好的心理态势，创造和谐轻松的学习氛围的常规性表情，即面部表情亲切、和蔼，常常面带微笑，常规性表情是对幼儿教师面部表情的基本要求。幼儿教师在幼儿来园、离园时应该使用的表情语。另一种是在课堂教学中，根据不同的教学内容或不同的教育场景所使用的面部表情，即变化中的面部表情。幼儿教师在教学和教育过程中应注意表情要适度自然、生动活泼，不应过于严肃、呆板，导致幼儿心理上产生畏惧情绪。

六、目光语礼仪

俗话说："眼睛是心灵的窗户。"在面部表情中，有一种语言具有神奇的力量，它能对幼儿的心理产生意想不到的影响，该表情语就是目光语。幼儿教师应恰当运用各种眼神来表情达意。

幼儿教师的目光要用丰富、明快的眼神使口语表达更加生动传神。教师进行教学活动时要扩大目光视区，把全班幼儿都置于自己的视野之中。要善于使用眼神的交流组织课堂教学，如对听讲认真、思维活跃的幼儿投去赞许的目光，对思想开小差的幼儿投以制止的目光，对回答问题胆怯的幼儿投以鼓励的目光等。教师的眼神忌暗淡无光；忌视线老盯着天花板、窗外或讲义，不敢正视幼儿；忌视线频繁更换，飘忽不定，给幼儿一种心不在焉的感觉。

知识拓展

幼儿教师最优化体态语

1. 亲情式体态：师幼零距离

亲情式体态特征：教师面带微笑，伴有与幼儿拥抱、抚摩、拉拉手、摸摸头、拍拍背、亲亲脸、梳梳头、理理衣服等动作。

此体态带有强大的亲情感，教师与幼儿的关系亲密，能让幼儿在教师的亲密区内尽情互动，感受亲人般的情感互动体验，达到师幼心理零距离的效果。

2. 平等式体态：师幼"一样高"

平等式体态特征：教师与幼儿交流时弯腰、低头、下蹲、上身前倾、眼神注视、微笑。

平等式体态给幼儿的感觉是亲切、平等，丝毫没有教师高高在上的感觉，师生交往俨然是同伴与同伴的交流，能使幼儿敞开心怀，自然而不拘谨。

3. 感染式体态：师幼更投入

感染式体态特征：幼儿教师用积极的情绪、面部的表情、夸张的动作感染幼儿，让幼儿得到心灵上的感应，形成积极向上的心理情绪。

感染式体态有较强的感染力，能产生涟漪式的情感效应、浸入式的渐进效果使师幼达到双向投入的境界。

4. 回应式体态：师幼更融洽

回应式体态特征：由幼儿主动发起的体态互动，在亲密区和社交区内教师做出适当的体态回应，如眼神、注视、微笑、点头等。

回应式体态简单、便捷、面广且有效，使幼儿教师与幼儿在交流的刹那间，达到心灵的会意与沟通。

5. 示意式体态：师幼更默契

示意式体态特征：师幼达到默契无需解释的手势语，如招手、食指掩口等。

示意式体态简单、快捷，能使幼儿在看到体态的第一时间内心领神会，减少了语言语意差。

6. 巡视式体态：师幼更了解

巡视式体态特征：幼儿教师来回走动或用目光巡视，表情肯定或否定或用动作辅助，适用于一日活动中对幼儿的表现进行观察。

巡视式体态以教师观察为主，教师对在自然状态下的幼儿体态进行观察、记录、分析，以获得发起体态互动的第一手资料。

7. 鼓励式体态：师幼常激励

鼓励式体态特征：幼儿教师对幼儿翘大拇指、微笑、点头、拍手等。

鼓励式体态语对幼儿有极大的鼓励作用，能让幼儿产生成功感，提高自信心。

8. 仰视式体态：师幼更贴近

仰视式体态特征：在与幼儿交流时，幼儿教师略低于幼儿脸部，仰视幼儿，幼儿俯视教师。

幼儿教师略低的身体，仰视的神态，让幼儿心理上产生一种老师在乎我的感觉，从而放松自己的心情。

幼儿教师的语言交流礼仪

语言交流是人与人之间传递信息的主要手段，也是幼儿教师与幼儿及家长、领导及同事、家人和社会人员增进了解、交流思想和培养情感的重要手段。同时，它还是一种增长见识、获取间接经验的常规形式。成功的人际交往活动往往依赖于成功的语言交流。想要进行成功的语言交流，幼儿教师就必须遵循语言交流的礼仪，讲究语言交流的艺术。

主题1 幼儿教师交流用语礼仪技巧

导语

　　语言交流是人与人之间不可缺少的。在幼儿教育中，语言交流礼仪也是非常重要的一环。幼儿教师需要与幼儿、家长、同事等多方进行交流，良好的沟通礼仪可以让交流更加顺畅、有效。因此，幼儿教师要学好沟通礼仪，需要注重语言表达方式。只有这样，才能更好地与幼儿、家长、同事等多方进行有效的沟通。

一、礼貌的用语

　　语言交流是幼儿教师传递信息、建立和改善人际关系的一个重要通道。俗话说："良言一句三冬暖，恶语伤人六月寒。"若要把握好语言交流艺术，幼儿教师首先就应该熟练地掌握基本礼貌用语的运用形式。

　　所谓礼貌用语，是指人们约定俗成的表示谦虚、恭敬的专门用语。运用好基本的礼貌用语可以使我们显得更加彬彬有礼、文雅大方。

　　幼儿教师在交谈中多使用礼貌用语，是赢得他人好感、获得他人尊敬和理解的最为简单、易行的好方法。

　　另外，我们要知道，与任何人进行面对面的交谈，都是一种对等关系。唯有以礼待人，才能显示出自身的人格尊严，又能够满足对方的自尊需要。因此，在交谈中幼儿教师要随时随地有意识地使用礼貌用语，这是文明人应当具备的基本素养，也是以敬人之心表达尊重的基本方式。

（一）你好

"你好"，是一句表示问候的简洁通行的礼貌用语。

遇到相识者或不相识者，不论是深入交谈，还是打个招呼，都应该主动地向对方先问候一声"你好"。如果对方先问候了自己，我们也要以此来回应对方。

为了表示对家长、长辈、领导、宾客等的礼遇，用"您好"能够表示尊敬。但在使用时需要注意的是："您好"表示的往往是对一个人的问候。如果对方是一人以上，要一起打招呼时，应该使用"你们好"，而非"您们好"。

（二）请

在礼貌用语中，使用频率最高的是"请"字。在任何需要麻烦他人的时候，"请"都是一定要放在语言开头的礼貌用语。

善用"请"是能够比较自然地把自己的位置降低，而把对方的位置抬高，从而满足对方求尊意识的最好方法。比如"请进""请问""请讲""请坐""请留步""请用茶""请稍候""请转告""请慢走"等。这些用语中的"请"字并不是多余的，而是必须的。有了这个"请"字，话语瞬间变得委婉而礼貌。

在幼教工作或活动中，当需要提出某项要求或需要使用命令式的话语时，如果使用这个"请"字，就表明你主观上没有凌驾于他人之上的意思，而只是出于工作或活动的需要而为之；同时，这样做会使你显得分外有教养，可使对方乐意听从你的要求或命令。

（三）谢谢

"谢谢"是个很有魔力的礼貌用语。它能够带给他人愉悦，也能够彰显自我的修养。

幼儿教师在与幼儿和家长以及其他人的交往中，能够正确地运用这两个字，就会使你的语言充满魅力。因为人们都愿意生活在洋溢着亲切和尊重他人的气氛里。无论别人——哪怕是我们的亲人——为我们做了什么，道一声"谢谢"，都会温暖人心。

幼儿教师应当注意的是，感谢必须是真诚的。道谢时，应面带微笑注视着对方，还要及时注意对方的反应。当对方对你的感谢感到茫然时，你要用简洁的语言向他道出致谢的原因，这样才能使你的道谢达到目的。当别人没想到或者感到未必值得感谢时，一句"谢谢"，会使对方倍感温馨。

当你得到别人的道谢时，要礼貌地及时回应。应面带微笑注视着对方，并礼貌地回应。你可以这样说："您客气了。""不用客气。""没什么，别客气。""谢谢您夸奖。""您过奖了。""我很乐意帮您的忙。""为您服务是我的荣幸。""您的满意是我最大的幸福。"

（四）对不起

"对不起"是化解问题，调和双方可能产生的紧张关系的一帖灵药。凡事稍有打扰，应先说一声"对不起"；不小心出了错，应先说一声"对不起"；有偶发情况影响到他人，应先说一声"对不起"；需要借道先行，应先说一声"对不起"……说声"对不起"，对方的自尊心得到了满足，自然就不会计较什么了。

无论是在日常生活中，还是在幼儿教育工作中，"对不起"三个字的用途有很多，作用也很大。常常使用这三个字，我们的生活将会很愉快。

二、日常交流规范用语与忌用语

幼儿教师在日常工作中，应把以上礼貌接待语言运用于日常口语中。同时，你还要注意不同环境下的用语、音量与语气，忌用不当用语，切实体现出对幼儿的热爱、对家长的尊重。

（一）与幼儿沟通规范用语与忌用语

在幼儿园的各种教育环境中，幼儿教师应有意识地注意自己的言语，而不是凭感觉或者感情传递。

幼儿教师从幼儿年龄特征出发，用语要符合幼儿教育特点。建议幼儿教师与幼儿说话时态度热情，和蔼可亲，体现出对幼儿的关心和爱护，不要唠叨或责骂，或用强制、命令的语气。要用尊重和鼓励幼儿的话语，多去赞美、表扬，不要羞辱幼儿或使幼儿难堪。言语间要满足幼儿的需要与好奇心，增强兴趣与自信心，不要取笑或强调幼儿的缺点，伤害幼儿的自尊心和自信心。

下面是一些在教育环境中幼儿教师与幼儿沟通的规范用语与忌语。

1. 教育环境：幼儿来园较早或迟到

忌语：来这么早干吗，下次叫你爸妈不要这么早送你来。或者说，快点！下次再晚来就不要进来了。

规范用语：真勤快，来这么早，下次记得再提早一点儿来好吗！

2. 教育环境：幼儿哭闹

忌语：好了，不要哭，吵死了，再哭就送你回去。

规范用语：你看，哭的样子多难看呀！本来挺漂亮，一直这个样子的话，谁还会和你一起玩呀？

3. 教育环境：教师组织幼儿活动

忌语：闭上嘴，坐好啦，不要乱动！谁再调皮就出去，不许他做游戏……

规范用语：看哪个小朋友最爱动脑筋，回答问题最多的小朋友，得到的红星最多。

4. 教育环境：幼儿做操，运动时

忌语：认真点，不要偷懒，动作那么难看，再不好好做就……

规范用语：小朋友个个都是运动员，动作有力，看谁做得最认真。

5. 教育环境：回答问题

忌语：这么小的声音，谁听得见？大声点！我没叫你，不会还举手，有病呀！

规范用语：下一次声音再大一些，让小朋友都听见就更好了。没关系，先坐下听听其他小朋友的回答，想好后再告诉老师。

6. 教育环境：幼儿在操作活动中遇到困难

忌语：这么简单都不会，你看别人都会，你还不会，这么笨，简直无可救药了。

规范用语：需要我帮忙吗？别着急，慢慢来你就会了，老师相信你能行！

7. 教育环境：幼儿做错事

忌语：混蛋，又犯错误，再做错事就……

规范用语：你看，这样对不对？不要紧，改过来就一样是好孩子，老师相信你下次不会这样了。

8. 教育环境：教师准备玩教具，幼儿上去帮忙

忌语：大家都坐好，谁要你们上来的？

规范用语：不用了，谢谢你们，下次再请你们来吧！

9. 教育环境：幼儿在游戏中发生矛盾而争吵

忌语：不要争了，再争吵，都闭上嘴。

规范用语：好孩子最会谦让，互相关心。现在这样谁都玩不成，不如你先让他玩吧。

10. 教育环境：幼儿不干净

忌语：脏死了，到一边去，小朋友不要和他玩了，不讲卫生，没人喜欢你。

规范用语：爱干净、讲卫生的孩子，大家都喜欢和他一起玩，没关系，老师帮你换洗一下，以后一定做个讲卫生的孩子。

11. 教育环境：幼儿做的与老师要求不一致

忌语：这样不对，应该……看你做得像什么。

规范用语：挺好，真会动脑筋，如果这样是不是会更好？

12. 教育环境：幼儿进餐

忌语：快点吃，不要说话，怎么弄这么脏，不准挑食，再吃这么慢就……

规范用语：饭菜多香呀！小朋友吃饱了才更有精神做游戏，看哪些小朋友最爱惜自己的身体？

13. 教育环境：幼儿睡觉

忌语：快睡下，闭上眼睛，不许说话，再不睡就……

规范用语：小朋友快闭上眼睛，待会儿就睡着了。

14. 教育环境：幼儿离园

忌语：想想你今天都做了什么错事，下次再做错事就不要来了。

规范用语：想想你今天有哪件事做得最好，什么事最开心？回去讲给爸爸妈妈听，希望明天做得更好。

综上所述，在环境交往过程中，语言代表了心声，而教师的语言，无不对幼儿的心灵产生重要的影响。我们提供文明、规范、亲切的幼儿教师岗位语言，旨在保护幼儿的心灵，启迪幼儿的智慧，激发幼儿的自信心、自主性。以鼓励、引导、提醒等语言为主，便于建立与幼儿和家长的平等关系，容易收到良好的教育效果，同时，也反映出幼儿教师文明修养和职业道德风貌。

（二）与家长沟通规范用语及忌语

孩子入园后，家长就会不时听到教师对自己孩子的评价。孩子有时表现好，有时会犯上一点儿小错误。有的老师在向家长汇报孩子情况时，似乎没看到孩子的优点，总是向家长告状说孩子这也不是，那也不行，这往往使家长难以接受。作为幼儿教师，应客观地向家长告知孩子在幼儿园的情况，而不应该掺杂主观色彩和情绪。幼儿教师应该用平和的语气、委婉的态度、一分为二的观点与家长交流。可以先向家长介绍孩子的一些优点，再说孩子不足之处或须改正的地方，这样，便于家长接受。下面是与家长沟通规范用语及忌语。

1. 家长反映问题或提出要求和建议时

规范用语：谢谢您提出的宝贵意见，我们一定会认真考虑。

忌语：不行！您怎么这么多事呀！您的要求我们不能接受。

2. 幼儿生病需服药和照顾时

规范用语：您放心，我们一定按时给孩子服药。

忌语：知道了，别管了！

3. 家长为幼儿当面请假或打电话请假时

规范用语：谢谢您！麻烦您还跑一趟。孩子病情稍好些，可以把药带到幼儿园，我们会帮助您照顾的。

忌语：怎么了，又病了，总是请假。

4．因幼儿的行为问题，引起家长之间产生冲突时

规范用语：您别着急，孩子在幼儿园发生的事，责任在我们，您有什么意见跟我们说。

忌语：家长怎么这素质呀！出去吵吧，别影响我们工作。

5．幼儿在幼儿园发生事故时

规范用语：真是对不起，今天您的孩子在幼儿园发生了××事，都是我们看护不周。实在是对不起。

忌语：不让××去××处玩，非要去××处玩，这个孩子动作不协调。

6．幼儿在幼儿园与同伴发生冲突时

规范用语：对不起，今天××发生了××事，都是我们老师的原因，看护不周，使孩子受了委屈。

忌语：你们家孩子怎么老打人。

7．家长有事晚接幼儿或没商量好而晚接幼儿时

规范用语：没关系，您别着急。没关系，请您今后在家商量好谁接，免得孩子看到别的小朋友走了着急。

忌语：您怎么老那么晚？明天早点儿来接。

8．找个别幼儿家长谈话时

规范用语：对不起，耽误您一会儿时间，和您聊一聊您孩子近期的情况，希望您给予配合。

忌语：××太调皮捣蛋了，一点儿不聪明，他在班上属于中下等。××真让人心烦，小朋友们也讨厌他。

9．家长送孩子，随意走进教室帮孩子做事时

规范用语：家长请留步，要让孩子学会做自己的事情。

忌语：家长不要进来！

三、克服不良的用语习惯

（一）忌晦涩难懂，宜通俗易懂

文雅的谈吐，固然在于辞令的修饰，但最基本的一条是词能达意，通顺易懂，即说出的话让人觉得顺耳、动听，更要让人听得清楚、听得明白。让人听得费劲、不舒服的话，会影响谈话情趣，还会使人怀疑你的实际才能，甚至反感和恼怒。因此，幼儿教师在选择词句时应以朴实、自然为好，多使用一些明白晓畅的口语或白话。这样，既合乎人们的习惯，易于被理解、接受，还不会给人以卖弄做作之感。有些教师喜欢在交谈中插入少许外文或方言土语，其效果优劣恐难一概而论。这主要取决于双方的趣味，假如趣味相投，便不足为怪，否则恐怕不受欢迎。一般来说，在与两个或两个以上的人一同交谈时，以不用为佳。因为多数人不习惯这种"中西合璧""雅俚合体"的谈话方式。当然，偶尔一两个外国字词用得恰当的话，也可以为谈话增一分色彩，但要注意，引用的外语要以对方能心领神会为宜。否则，不仅是隔靴搔痒、对牛弹琴，还会在无形中造成隔阂。如果的确有必要说，那就要用得恰当，并且要注意正确地发音。如果张冠李戴、不伦不类或语调蹩脚，则不免贻笑大方，所以我们必须谨慎。

同样，在社交场合，幼儿教师都应尽量讲普通话，避免使用方言，以便大家相互交流、理解。但我国幅员辽阔、语言庞杂，方言的形成自有其地理上的因素，所以对于他人的乡音，要有一种雅量。遇到不尽明了的语言，多问一声即可，切忌讥讽或揶揄。

还有一些教师，在和熟人谈话时较为正常和自然，偏偏在遇到陌生人或新朋友时，为了给人一种特别的印象而堆砌辞藻，显得矫揉造作，结果却事与愿违。

（二）要避隐私、避浅薄、避粗鄙、避忌讳

1. 避隐私。隐私就是不可公开或不必公开的某些情况，有些是缺陷，有些是秘密。在高度文明的社会中，隐私除了少数必须知道的和有关人员应当知道外，不必让一般人员知道。

2. 避浅薄。浅薄，是指不懂装懂，"教诲别人"或讲外行话，或者言不及义、言辞单调、词汇贫乏、语句不通、常吐白字。

3. 避粗鄙。粗鄙是指语言粗野，甚至污秽，满口粗话、脏话。比如，在职场中很多成年男性讲话喜欢带"颜色"，也有很多人说话时常带一些粗俗的口头禅。这些习惯都很不好，不注重小细节，说不定会给你带来大损失。

4. 避忌讳。忌讳是人类视为禁忌的现象、事物和行为，避忌讳的语言同它所代替的词语有约定俗成的对应关系。社会通用的避讳语也是一种重要的礼貌语言，它往往顾念对方的感情，避免触犯忌讳。我们应该尽量避开会伤害人的一些忌讳或者会让人误会的语言，也要尽量避免一些不当的用语。中国人图吉利，逢年过节或者到了一些比较特殊的日子也会忌讳一些用语，对此我们一定要注意。

（三）丢掉口头禅

有些教师说话还有一种不好的习惯，常常不知不觉地在谈话中插入一些毫无意义的口头禅，如"就是""然后""一般""啊""那个"等，既没有实质的表达意义，又分散听话人的注意力。此类口头禅不伤大雅，听得多了充其量会让人感到别扭。

然而，有的口头禅却是说者无心、听者有意，使自己的谈话对象产生错觉，或者被自己伤害。如"知道不？""你懂吗？"教训人的口气十分明显，还会令人感到暗含轻视的意思。对谁都说"没什么了不起"的人，是不是有点目空一切？"是吗？"是典型的"怀疑一

切"的态度，会使对方的自尊深受伤害。幼儿教师如有以上这些口头禅，应自觉地避免。中国人图吉利，逢年过节或者到了一些比较特殊的日子也会忌讳一些用语，对此我们一定要注意。

知识拓展

日常语言交流礼仪提升的方法

语言修养注重的是个体运用语言的熟练度、准确度和流畅度，及在各种语言环境中的言语行为。教师的语言修养是日积月累地逐渐形成的，因而要求教师在日常生活和工作中注意从以下几方面提升自己。

1. 加强思想修养

常言道："言为心声"，缺少丰满的心灵，就不会有富有情感的语言，没有高尚的心灵，就不会有高尚的语言。教师只有培养高尚的师德，才能让自己的语言健康、文明、丰富、美好。为此幼儿教师要积极学习和提高自己的思想素质，用高尚的师德武装自己，才能达到出口文雅，增强自己的人格魅力。

2. 学习语言学方面的理论书籍

幼儿教师学习《教师语言表达》《语言表达》等相关的理论书籍，要遵循语言的法则，掌握一定的语法，比如一句话怎样说，动词在哪儿，名词在哪儿，必须有个规矩，力求避免搭配不当、语句不通等不规范现象。在修辞方面，避免用词不当、前后矛盾的话。除理论学习外，还要多听听广播、多看看电视，学习播音员和主持人的语言表达能力。因此，教师应当掌握普通话的语音、词汇和语法等方面的知识和技能，能够顺畅、准确地讲普通话。

总之，幼儿教师的语言艺术修养需要在平时的生活、学习、教学过程中不断积累和提高。

主题2 课堂教学中的语言礼仪

导语

3～6岁的幼儿正处在语言发展的敏感期，教师的一言一行、一颦一笑，甚至某种口头禅，都将成为幼儿模仿的对象。因此，幼儿教师要注意自己的言谈礼仪，在课堂教学中，立足幼儿的成长特点，用深入浅出、生动活泼的语言给幼儿以示范，让幼儿通过语言感受到生活的美好，领会语言礼仪的重要性，促使幼儿身心健康发展。

一、表达要标准

教师的语言要标准，是指教师要说标准的普通话，不要说方言。幼儿教师的从业资格中，明确规定了具备普通话等级的具体要求，这表明幼儿教师要说一口标准的普通话。这就是对幼儿教师语言的第一要求：标准。由此可知，幼儿教师课堂语言"表达要标准"，主要包括如下几方面。

（一）幼儿教师表达标准的意义

苏霍姆林斯基说过："教师的语言素养在极大程度上决定着学生在课堂上的脑力劳动的效率。"3～6岁的幼儿正处于语言发展的关键期，良好的语言环境对幼儿语言能力的发展起着积极的影响。无论是鉴于幼儿教师每天和幼儿生活在一起，还是鉴于幼儿教师对幼儿的向师性的影响，都决定了幼儿教师的语言表达标准，可以为幼儿的语言表达起到示范和影响的作用。幼儿教师语言表达标准，幼儿才能清楚地发出全部语音，正确地使用语言表达自己的想法。

（二）幼儿教师语言表达标准的表现

幼儿时期的孩子不识字或识字不多，教师的语言是实施教育的重要手段。因此，幼儿教师的语言表达，直接影响着幼儿的活动、学习、情绪、情感的发展，影响幼儿与教师的关系，等等。

1. 发音准确。清楚、正确的发音是幼儿教师语言表达的必要条件。具体而言，幼儿教师在教学中要注意吐字清楚、发音准确、符合全国通用的普通话的规范。

2. 用词恰当、准确。语言表达标准，还包括用词恰当、准确，即不乱用或错用词语，不使用方言词，更不生造词语。语言表达中不要出现普通话中没有的词汇，尽量少用或不用所谓的流行语、尚不稳定的新词，如"很酷"。学前幼儿的模仿能力极强，如果教师用词不当，幼儿就会养成用词不当的坏习惯。

3. 语法规范，修辞恰当。语法规范，是指语言表达，就语法方面而言，力求搭配得当、语句顺畅、语言规范。修辞恰当是指在语言表达中避免用词不当、前后矛盾，更不能乱打比方。当然，幼儿教师还要注意说话不带口头禅。

二、表达富有逻辑

（一）幼儿教师表达富有逻辑性的意义

幼儿的逻辑思维虽然还处于初步发展阶段，他们对于理解和掌握的许多概念如一些日常概念、科学概念还有一定的困难，但这并不表明教师就可以忽视自己的语言逻辑和事物的科学规律。相反，幼儿教师在使用语言时要格外注意内容的科学性和表达的逻辑性，要有利于幼儿掌握正确的信息，以促进幼儿逻辑思维的发展。

（二）幼儿教师语言表达富有逻辑性的表现

幼儿教师授课基本上是通过语言途径来实现的，其教学语言表达的逻辑性体现在语句简洁、富有层次、用词准确而科学、符合幼儿的年龄特点，要克服随意性。

1. 语句简洁，富有层次。幼儿教师教学语言表达的逻辑性表现在抓住教学重点，条理清楚地叙述或说明，且语句通顺无误，富有层次感。尤其在解释概念时，运用的语言要口语化，简洁且不会让幼儿产生歧义。在叙述或讲解的过程中，多用短句，不用或少用修饰、限制性的词语。需要注意的是，语句简洁、富有层次，并不代表语句不能重复。幼儿教学中，为了便于幼儿理解，以达到交流信息、表达情感的目的时，可以将个别词语加以重复，这并不影响简洁、富有层次的表达。

2. 用词准确且科学，符合幼儿的年龄。幼儿教师的语言表达富有逻辑性，是指用词科学，但要生动，要符合幼儿的年龄特点，要真实而准确。

3. 句子完整，句意贯通。教师的授课语言应当体现出句子完整、句意贯通的特点。

三、力求纯洁美好

幼儿教师的语言要生动形象，纯洁美好。这是指幼儿教师在组织语言时，不能随心所欲，想说什么就说什么，而是要形象生动，用语文明。

（一）幼儿教师语言表达纯洁美好的意义

首先，幼儿更容易感受和记忆鲜明的、闪烁着色彩和发出声响的形象。幼儿教师的语言如果纯洁美好、形象生动，就会使幼儿听后能产生有关事物的鲜明形象，能随着教师的语言在头脑中如"过电影"似的出现一幅幅栩栩如生的画面。教师的语言如同一把钥匙，不仅开启幼儿的情绪记忆，而且可以深入幼儿大脑最隐秘的角落。

其次，幼儿的思维是形象思维，教师生动有趣的语言会帮助幼儿领略丰富多彩的外部世界，会对幼儿的思维产生积极的影响，拓展幼儿认知，影响其思维的灵活性和独立性，培养幼儿的想象力和创造力，影响到幼儿思维的广阔性和深刻性。

最后，幼儿教师生动形象、纯洁美好的语言，能再现美好的情感，能够感染幼儿、激励幼儿，从而使教师和幼儿共享美好的情感，培养幼儿良好的心灵世界。

（二）幼儿教师语言表达纯洁美好的表现

幼儿教师语言表达的纯洁美好，意义如此重要。这种纯洁美好的语言，表现在哪些方面呢？

1. 富有情感色彩，催人积极向上。幼儿教师语言的情感色彩和积极性表现在两个方面：一是通过教师的语言，幼儿可以领会到活动内容，体会到活动过程中的情感因素。二是充分体验其间的思想情感，并使幼儿从活动中获得乐趣和情感的满足。

2. 生动形象，富有趣味。为了激发幼儿的活动兴趣，幼儿教师要立足幼儿活动的实际情况，通过谜语、儿歌、故事、游戏等形式，借助于教具、动作、表情等手段，引导幼儿，使之体会到活动的乐趣。

3. 语言文明，不粗俗。幼儿教师的语言纯洁美好，还表现在不说不文明或粗俗的词语。因为这些语词只能给幼儿带来负面的影响。

知识拓展

教师不文明语言对幼儿的影响

教师口语渗透于幼儿园一日活动的各个环节，良好的教师口语不仅能帮助教师轻松组织各项活动、完成各项教育目标，同时对于营造自由宽松、尊重平等的精神环境也起着重要作用。

可在日常工作中，教师经常会不自觉地使用一些不恰当的、不文明的语言，轻者无益于教育目标的达成，重者则影响到幼儿的身心健康发展。

一天，幼儿毛毛上课时总是调皮，老师生气了，冲着他喊："你可真是个讨债鬼！"当时，几个小朋友学着老师，也冲着毛毛喊"讨债鬼"。第二天，毛毛刚进班级，教室里的幼儿就又冲着他喊"讨债鬼"。毛毛委屈地看着其他幼儿，眼里满是泪水。老师看到这一切，意识到自己不经意间的一句话对毛毛造成了伤害，于是连忙安慰毛毛，对其他小朋友进行教育。事情虽平息了，但对毛毛当时的伤害却不可忽视。

类似案例中这位老师的"讨债鬼"一样的不文明或称为粗俗的用语，在一些幼儿园的老师口里经常出现，如"你可真笨""回答不出来就别吃饭了""再不听话就把你送公安局"等。此类带有侮辱性和恐吓性的语言，会对幼儿的心理造成伤害。这种伤害比体罚幼儿更残酷、更持久，因为它极易被幼儿教师忽视。因此，幼儿教师语言的纯洁美好，还表现在不说"滚出去""猪脑子""笨死了"等不文明的粗俗词语，不讽刺、挖苦幼儿，而是尽量用纯美的语言触动幼儿的心灵，使之形成纯洁、文明、健康的心理世界。

主题3 与幼儿、家长交流的语言礼仪

> 幼儿教师的语言是重要的工作武器，它不但伴随着幼儿的学习和成长，也运用于和家长的交流、沟通。幼儿教师极具魅力的言谈礼仪，可以拉近师幼关系，给幼儿以激励；可以给家长以信心和力量，促进良好的家园关系的形成。

一、与幼儿交流的语言礼仪

幼儿教师日常生活中与幼儿交流的语言，同样体现了幼儿教师的素养和礼仪，是幼儿教师语言艺术的再现，是引导幼儿了解生活、热爱生活的一把钥匙，更是为幼儿打开通往丰富多彩的世界的一扇窗。这种言谈礼仪，主要表现为亲切关爱、体贴入微，力求体现关爱。具体表现在如下几方面。

（一）尊重幼儿，保护自尊心

幼儿虽然年龄较小，但也有很强的自尊心。幼儿教师平时在与幼儿说话时，要注意尊重幼儿，不伤害幼儿的自尊。这是与幼儿交流的首要礼仪。

1. 耐心温柔，不大呼小叫。幼儿教师在平时与幼儿沟通时，语气是否温柔和善对幼儿有着至关重要的影响。和善而温柔的语气，幼儿听起来会感觉到一丝丝温暖的情意，也更容易接受。同时，幼儿因年龄和各项能力正处在发展中，有时会出现反复性的错误，幼儿教师在与幼儿沟通时要有耐心，不要对幼儿大呼小叫。因此幼儿教师在与幼儿交流时，一定要控制好语速、语调，温柔以待。

2. 亲切下蹲，平视微笑。幼儿年龄小，偶尔会出现一些错误或不当的行为，此时，教师在指出幼儿的错误或帮助幼儿改正错误时，要蹲下来和幼儿目光相接，而不是居高临下，给幼儿产生压迫感。蹲下来与孩子交流看似简单，却体现了对幼儿的尊重，体现了对幼儿认真而亲切的态度，使幼儿对老师产生安全感和信任感。

同时，教师蹲下来和幼儿交流，会让他们对教师产生小伙伴、好朋友的感觉，而不是居高临下的感觉，是和他们完全处于平等的地位，让幼儿感受到被尊重、被重视的感觉。比如小班幼儿尿裤子是很正常的事，有的幼儿尿裤子却不愿告诉老师，这时老师如果说："你怎么会尿裤子呢？"那么班上其他的小朋友就都会笑话他，幼儿就会感觉没"面子"。相反，倘若教师能照顾幼儿的感受，蹲下来和蔼而温柔地说一句："没关系，我们悄悄到休息室换上干净的裤子。请放心，我会为你保守秘密，其他小朋友是不会知道的。"这样幼儿就不会有顾虑了，还会对老师产生一种亲切感和信任感。最后，教师蹲下来和幼儿说话，还创造了让幼儿乐于接受教育的良好心境氛围，利于培养孩子独立、自尊和自主的人格，有利于帮助孩子正视和反思自己的问题和缺点。

（二）因人用语，保持距离

语言是架起幼儿教师与幼儿之间的桥梁，但如果语言运用得不得体，不但不会成为桥梁，而且会破坏师幼之间的关系。为此，幼儿教师日常与幼儿交流时，除了要注意平等相待，给予尊重，还要注意因人用语，保持距离。

1．因人用语。因人用语，是指幼儿教师在与幼儿交流时，要考虑到交流对象——幼儿，已有的语言接受能力。幼儿教师要考虑到不同年龄、不同性格的幼儿的接受和理解能力，要注意用语有所不同。

首先，要依据幼儿的年龄用语。对小班幼儿要多用短语，语速要缓，同一内容要多重复几次，还要多用童趣、拟人的语言，以引起他们的注意；中班幼儿比小班幼儿稍大一点儿，对语言的理解能力强一些，语速可以适当加快，但还是要多用短句，适时运用重复性的语句，注意语言的严谨度与亲切度，让幼儿觉得老师的话是有思想的，不是随便说的，是值得听的；大班幼儿的接受和理解能力无疑更强，那么交流时，要依据交流内容的不同，在保证语气舒缓、语调平和的同时，依据幼儿的性格进行调整。

其次，对待不同特点的幼儿用语也不同。对于内向、较为敏感、心理承受力较差的幼儿，要多用亲切的语调，多用关心的语气与他们交谈，以消除幼儿的紧张心理。对于反应迟钝的幼儿，应适当放慢语速。对于脾气较急的幼儿，语速应适中，使幼儿的急躁情绪得到缓解。

总之，对不同类型的幼儿，教师应采取不同的语言表达方式，以人为本、因人用语，使每一位幼儿都能获得美好的体验，获得语言的发展。

2．保持距离。美国心理学家邓肯指出，在公共场合里与人交谈时，彼此之间要保持1.2米的距离，过远会显得疏离，过近则会令对方感到威胁。师幼之间在交流时，也要保持这一距离。交流最初时，可以保持这样的距离，以减轻幼儿的压力感，随着交流的深入、师幼情感的加深，不妨将这一距离缩短到亲密距离，即0.15～0.44米，一方面让幼儿感受到教师像妈妈一样的爱，另一方面也利于师幼之间促膝谈心。

（三）面带微笑，文明用语

日常生活中，幼儿教师与幼儿交流时还要保持微笑，用恰当的目光关注幼儿，让幼儿感受到老师的温柔与爱。同时要注意语言文明，不讲粗话、脏话，更不要训斥幼儿。

1. 面带微笑。心理学研究证明，教师经常微笑，幼儿会对教师心怀好感，极愿亲近，自然而然形成一股内在的亲师感，进而"亲其师，信其道"，愿意认真听从教师的教导。因此，幼儿教师在日常与幼儿进行语言交流时，注意面带微笑。

2. 文明用语。苏联教育家乌申斯基说，教师的言行举止是任何教科书、任何道德箴言、任何惩罚和奖励制度都不能代替的一种教育力量。对幼儿教师而言，在日常生活中与幼儿交流，语言文明是要注意的一个问题。幼儿教师的语言文明，除了不说粗话、脏话，还要注意多用褒义词，慎用或不用贬义词；多用激励语、劝慰语，不用有胁迫、侮辱倾向的语言；多用正面语言，不用反面语言。

幼儿教师只有严格要求自己，才能用自己的语言给幼儿做好示范，对幼儿起到潜移默化的示范作用，对幼儿的德行发挥良好的引导和培育作用。

二、与幼儿家长交流的语言礼仪

幼儿教师的一个重要的责任就是和家长沟通、合作，二者协调一致，密切配合，以发挥积极的教育作用。在与家长沟通中，幼儿教师良好的言谈礼仪会让家长如沐春风，为教师的专业能力和修养所折服，从而发自内心地佩服、信任。

（一）尊重家长，态度诚恳

语言就是人类为了表达情感和意愿而创造的，用来反映客观现实、交流思想感情的符号。幼儿教师每天要面对的，除了牙牙学语的幼儿，还有形形色色的家长。因此日常生活中与家长交流时的语言礼仪也相当重要。幼儿教师要认识到，家庭是幼儿园重要的合作伙伴，家长信任幼儿园和教师，才把孩子托付给幼儿园和教师，双方的教育目标是一致的，都是为了让孩子健康成长。因此，在与家长交谈时，最为重要的就是相互平等，也就是站在同一个高度。只有尊重家长，与家长保持平等关系，才能保证与家长的顺利交流。

1. 入园离园，热情问候。幼儿每天入园和离园时，家长都要接送。幼儿教师要在家长送幼儿和接幼儿的时候，热情问候家长，主动关心对方。比如入园时，主动问候家长"早晨好"，同时询问家长有什么需要叮嘱的事情；离园时，主动向家长道"再见"，并针对幼儿一天的情况向家长做简短的反馈，让家长放心。

2. 表达感谢，礼貌客气。幼儿教育是家长和幼儿教师合作的结果，因此当幼儿教师在工作上获得了家长的支持时，要及时表达感谢，这不仅仅是客气，更是知礼懂礼的表现。教师想要获得家长的信任和支持，首先表现在他给予家长足够的尊重，在第一时间处理问题后与家长沟通，并在事后对家长的支持表示感谢。这些举动代表了对家长的尊重，传达了对家长真诚的感谢。这正是幼儿教师在与家长沟通时要遵循的言谈礼仪之一——尊重家长，态度诚恳。

3. 见面问候，称呼得体。幼儿教师对家长的尊重，首先就表现在这些日常随机的语言交流中。其中，教师对家长的称谓，最先表露出对家长是否尊重。因此，要注意对家长的称谓礼仪。不同于日常生活中人们之间按照年龄、性别、职业、职务或头衔来称呼对方，由于幼儿家长无论在工作上有多高的职务或头衔，其首要角色是幼儿的家长，因此幼儿教师可以用孩子的名字加家长身份的方式来称呼家长，比如高洋妈妈、李浩爸爸、林冬爷爷等。这样的称呼既显得亲切，也明确了交往时家长的身份。当然，离开了幼儿教育机构，如果遇到幼儿家长或者在家长的工作单位或工作场合与之相遇时，则最好按照家长的职业、职务或头衔的方式来称呼，比如李主任、李处长等。

4. 说服拒绝，讲究艺术。幼儿教师在工作中，会不可避免地遇到说服家长和拒绝家长的情况。比如为了达到共同的教育目的，或者改变幼儿家长的教育观念与策略等，需要说服家长；面对家长的不合理要求与期待，需要拒绝家长。这时，幼儿教师就需要运用得体的交谈礼仪，即以真诚的态度、委婉的语言表达自己的看法。说服家长时，幼儿教师要注意交谈中不要使用"我是专业的幼儿教师，我认为……所以……是对的"这样的逻辑或策略性语言，以免引起家长的反感。须知，教育观念或方法的对错，取决于在幼儿教育过程中的客观使用效果，而非谁的观念或方法。

拒绝家长时，幼儿教师要注意不是直接说"不"，而是要在措词或交谈的方式上体现出"不"。一方面用敬语拉远双方的距离，让家长不好提出不合理要求，比如原来称"你"，后来可以称为"您"；另一方面可以在交谈中，用列举或推理的方式让家长感受到要求的不合理，最后再用"您看该怎么办呢"的疑问形式，让家长自行思考并得出结论。除此之外，还可以不理会家长，只对家长的谈话给出"哎呀，是挺难办的""我也觉得挺为难的"之类的情感回应。当然，无论采用怎样的语言，家长被拒绝后必定心里不舒服，这时教师就要注意采用"我建议您采用另一种方式……""……我们园里的教师也可以给予相应的支持"等说话方式弥补幼儿家长，让其心理上得到调适，从而保持与幼儿教师的合作。

5．热情欢迎，平等相待。幼儿教师还要注意，与家长沟通时，要热情相待，即对于来园的家长，要在看到家长时立即起身，得体地称呼对方，给予热情欢迎，并问明对方的来意，如："××家长，你好。请问有什么需要我做的事情吗？"同时，在与家长交流时，要注意平等相待，不能摆出居高临下的态度，更不能在家长面前自我炫耀，以免引起家长的反感。

（二）控制音量，保持距离

研究表明，人际交谈中音量的大小和彼此之间距离的远近，决定了交谈的舒适度。过低的音量和过远的距离，不利于信息的传达；过高的音量和过近的距离则易令对方产生被侵犯感和不舒适感。因此，幼儿教师与家长交谈时，控制好音量和距离，也是一种交谈礼仪。

1．音量要适度。在任何一个面对面的语言交谈中，在你传达的全部信息中只有7％的沟通来自语言本身，38％来自声调，剩下的55％来自身体语言。在电话交谈中，92％的信息传递来源于音调，只有8％来自语言本身。因此，幼儿教师在与家长交流中，要注意音量对表情达意的作用，控制好谈话的音量，既不过高也不过低，以便让家长感到平和，促使家长愿意沟通下去。

2．距离要适合。心理学研究表明，每个人都需要一定的私人空间，这属于一种正常的心理安全需求。就如同一个无形的"安全圈"，身在"安全圈"中，人们才会感到安全放心。一旦有人未经允许，擅自进入"安全圈"中，人们就会感到不舒服，会产生排斥感，从而引起厌恶，甚至愤怒。因此，幼儿教师在与家长交谈时，保持一定的安全距离是非常必要的。这个距离应该是多少呢？一般在0.5～1.5米距离，即伸手可以握到对方伸出的手，但用手不会直接触碰到对方的身体。这个距离既不显得太疏远，又不容易产生肢体接触。此外还要注意不要拉拉扯扯、拍拍打打，尤其注意不要唾沫四溅。

3. 注意交谈的角度。除了距离，幼儿教师还要注意交谈的角度。在和家长交谈时，注意不要面对面说话，要与对方保持30度斜角。这个角度之所以合适，是因为既可以避免直视的尴尬，又可以防止谈话时的飞沫直接喷向对方，让对方在交谈过程中产生舒适感。

（三）得体微笑，用字遣词优雅

在人际沟通中，微笑是非常方便的工具，微笑能传递的信息要大于语言带来的信息。同时，恰到好处的微笑能使人产生愉悦、感动，让沟通的对方获得信心、得到安慰。幼儿教师与家长交谈时，要注意将微笑与优雅的词汇相伴而行，创设良好的交谈氛围。

1. 得体微笑。幼儿教师要认识到，沟通是一种心灵的碰撞，不要在每个时刻都面带微笑。因为生硬、虚伪的笑让人不快，不严肃的笑会破坏对话的气氛，而不合时宜的笑会让对方觉得古怪而尴尬。因此，要在应该笑的时候笑。比如询问和征求家长的意见时，在家长接送幼儿时，在对家长的看法不方便发表意见时……总之，要让微笑成为与家长沟通的无声的语言，帮助我们向家长传达信息、化解尴尬、表明态度。

2. 及时回应。心理学研究表明，良好的沟通来自对方的回应。人与人交谈，需要得到对方感情上的认同和共鸣，如此方能心灵相通、意气相投。幼儿教师与家长交谈时，虽说不要求达到心灵相通，但至少要达到意见一致，以促成教育目标的一致性。因此，幼儿教师在与家长沟通时，要注意认真倾听家长的叙述，并给予及时的反馈。这种及时回应除了微笑、点头等肢体语言，还包括一些恰到好处的用语。

在与家长之间发生冲突，对方情绪激动或紧张时，幼儿教师可以用"别着急，孩子在园内发生事情后责任在我，您有什么意见和我们说"等语言来安抚对方。

在家长带着一定的情绪反映问题时，幼儿教师可以在家长说完后，措词委婉地用"谢谢！让我们再了解一下。请您放心，我们再商量商量，尽量帮您解决"来表示态度。

在家长与自己联系时，幼儿教师可以用"您好！我是×老师，今天××不舒服，您看是不是带他去医院？谢谢！给您添麻烦了"来向家长提出要求。

与家长个别谈话时，幼儿教师在保持平和的态度的同时，可以用"对不起，耽误您一会儿时间"来表示客气……

总之，得体而措词优雅、有礼貌的语言，对于提升家长的积极性，使之更好地配合幼儿教师达成教育目的，起到至关重要的作用，也体现了幼儿教师规范的礼仪。

知识拓展

幼儿教师如何学好交流礼仪

1. 注重语言表达

幼儿教师应该注重语言表达，使用清晰、简洁、准确的语言交流，避免使用过于生僻或难懂的词汇，尽量使用幼儿易懂的语言。在和家长交流时，幼儿教师也应该注意语气抑扬顿挫、声音洪亮、语速适中，以及表情、手势等非语言因素的运用，让家长感受到你的热情和专业。

2. 尊重对方

幼儿教师在沟通中要尊重对方，不得出言不逊、不得轻视别人、不得使用带有歧视性或侮辱性的词汇。无论是和幼儿还是和家长、同事交流，我们都要用礼貌的语言和态度，让对方感受到你的尊重和关心。

3. 善于倾听

幼儿教师要善于倾听对方的意见和建议，了解对方的需求和想法。在和幼儿交流时，我们要注意倾听幼儿的心声，让幼儿感受到被尊重和理解。在和家长交流时，我们要耐心听取家长的意见和建议，积极回应家长的要求和关注点。在和同事交流时，我们要关注对方的工作难点和需要解决的问题，积极提供帮助和支持。

4. 注意肢体语言

在沟通中，肢体语言也是非常重要的因素之一。幼儿教师应该注意自己的肢体语言，尽量保持一个开放、友好的姿态，让对方感受到你的热情和关注。例如，微笑、眼神交流、手势等都可以增强沟通效果，让对方更愿意与你交流。

5. 学会妥善处理冲突

在幼儿园教育中，难免会出现各种各样的冲突。幼儿教师需要学会妥善处理冲突，避免因冲突而影响到教育质量。在处理冲突时，我们要冷静客观地分析问题，听取各方的意见和建议，寻找解决问题的最佳途径。

6. 不断提高自身素质

幼儿教师需要不断提高自身素质，增强自己的沟通能力和沟通礼仪。我们可以通过参加培训、阅读相关书籍、观看相关视频等方式来提高自己的沟通技巧和知识。同时，我们也要不断地反思自己的沟通方式和效果，寻找提高的空间和方法。

主题4　与同事、上级交流的语言礼仪

导语

　　在工作中，幼儿教师要注意建立良好的同事关系，如此可以得到大家的尊重，利于自己的生存和发展，更能让自己保持愉悦的心情，激起工作的热情，进而对生活心存美好。这就要求幼儿教师抛开熟不拘礼的错误观念，注意与同事、上级交谈中的礼仪，让良好的礼仪成为交流中的催化剂。

一、与同事交流的语言礼仪

　　语言是人际沟通交流的主要工具。幼儿园通常选用"两教一保"的管理模式，在班级这个最小单位中，三位教师的关系是幼儿园同事之间最重要的关系之一。处理好同事之间的关系，直接影响到个体的工作心情和效率。幼儿教师注意与同事交流的言谈礼仪，不但体现了个人修养，对于同事关系也起着重要的作用，利于和谐的人际关系的建立，利于协同工作，促进教学工作的开展，从而提升教学水平。

（一）称呼得体

　　在幼儿园这一特殊团体中，教师之间的沟通协作关系更为重要。而交谈则是必不可少的沟通方式，也是信息传递的最主要的方式。交谈离不开称呼，得体的称呼在同事关系的处理上起到了关键的作用。

　　我们知道，称呼是在与亲属、朋友、同事或其他有关人员交谈时使用的一种规范性礼貌用语。对他人的称呼得体与否，体现的是一个人的涵养和彼此之间的关系。那么幼儿园同事之间，应该怎样称呼呢？

1. 依据岗位称呼。对于新入职或关系没那么亲近的同事，在对方的姓氏之后加上对方的岗位名称，或直接称呼对方的岗位名称，是一种得体的称呼。幼儿园一般会设置园长、副园长、教科室主任、年级组长（老师）、保育老师、保健医生、后勤（食堂）工作人员、保安等。教师可以用他们相应的岗位来称呼对方。

首先，工作在同一岗位的教师之间，一旦经历了相对独立且个性化的熟悉过程，就可以在私底下随意称呼。但对于新加入群体的教师，则要注意从常规的称呼"某老师"开始。这样的称呼，一方面表达了对教师的尊敬，另一方面则让双方的关系从普通且正式的尊称开始。随后，当双方慢慢熟悉起来后，再在彼此熟悉的过程中建立新的自然活泼且不失尊重的称呼。

其次，对于工作在不同岗位的同事，教师要从实际生活的观察中获得对方的一般称呼。当然，在此之前可以在对方的岗位前加上姓氏来称呼，如果不知道姓氏，可以直接称呼对方的岗位，也是一种礼貌而规范的称呼。如称园长为"某园长"或"园长"，称主任为"某主任"或"主任"，等等。

2. 依据场合称呼。同事之间的称呼，也要依据场合的不同灵活改变。在面对幼儿家长时，称呼同事就要运用正式的职业称谓，如某老师、某园长、某医生，这些既是对对方的尊重，也体现了自己对幼儿教师这一职业的尊重。在面对幼儿时，可以用儿童化的称呼，即在姓氏前加"小"或将对方的名字取一个字，后面加上岗位名称，如"小张老师""丽丽老师"，以显示活泼、亲切。在办公室或教室里，可以依据彼此之间的熟悉程度，称呼对方时，可以在"小张老师""亲爱的张老师""丽丽老师"之间切换，不但可以让对方感到亲切自然，而且不会让对方产生刻意亲近或冒犯的感觉。

最后幼儿教师要注意的是，称呼对方时，我们可以借助恰当的声调、热情的笑容和得体的体态，以表达对对方的尊重。对比自己年长的老师称呼要恭敬，不能直呼其名，尤其注意不要称呼或谈论同事的不雅绰号。

（二）平等尊重

同事之间交谈时，除了注意称呼，幼儿教师还要注意平等相待，尊重对方。尤其是尊重，是交谈礼仪中的首要原则。交谈时给予同事尊重，是应有的礼仪和人际交往中的规范。

1. 控制音量，注意口吻。同事之间交谈时，幼儿教师要注意控制音量，音量不宜太大，以免给对方咄咄逼人的感觉。用语要恰当，且语气要委婉，语速可以略慢一些，注意适当的停顿。尤其我们要注意多用一些商量的口吻，比如"你看这样如何""你觉得这样行不行"。这样不但可以促成良好关系的形成，而且可以表达对对方的尊重。

2. 亲密而不随意。同事之间相处久了，因为关系的亲密，彼此之间会分享一些小秘密，甚至会互通有无，无话不说。但要注意的是，交流中要注意尊重对方，不能私话公说，这是对对方的尊重，更是体现了个人的礼仪。

3. 语言文明。同事之间交流时，幼儿教师要注意语言文明，请同事帮忙时要注意使用敬语，比如"拜托""麻烦"等。同事帮忙后，我们要及时表达感谢，如"谢谢""辛苦了"。我们还要注意多赞美、少批评，给予对方肯定。在理解对方的基础上，我们本着将心比心、利益共享的原则交谈，不诬陷、诽谤、辱骂或蔑视他人。

（三）客观实际

幼儿需要的是一致性、整体化的和谐教育，而不是相互矛盾、彼此割裂的教育，这就要求幼儿教师之间配合要默契。语言作为重要的交流工具，要发挥其在工作中的作用，就要结合客观实际，以确保配合密切，不出现各自为政、自以为是、以自我为中心的现象。每个幼儿班一般会配备2~3名教师，班内教师之间是搭档的关系，教师之间在谈话时，要在平等尊重的前提下进行，并要注意客观实际。

1. 与搭档教师交谈，要就事讨论，多商量。与本班教师谈话时，我们要注意多用商讨的口吻。每位幼儿教师在思想、业务、工作和家庭背景等方面的情况不尽相同，都有自己的优势，在与同事商量工作时，我们以商讨的口吻，利于集思广益。在交流中，我们要注意认真听取对方的意见，积极与对方探讨，比如"这个问题我还没想明白，咱们一起研究研究？""我是这么想的……不知道对不对，你的意见呢？"

2. 与保育教师交谈，要基于工作，给予尊重与支持。保育员是班上重要的教育成员，其工作与本班的教育质量关系巨大。教师在与本班保育员谈话时，要注意给予尊重与支持，主动指导对方。

3. 条理清晰，尊重与建议并存。幼儿园的同班教师，经常选择资历和经验丰富的老教师与新教师搭档。当老教师发现新教师的不当之处时，或双方意见不一致时，我们要注意本着客观实际的态度进行交流，而不能倚老卖老、以势压人。

二、与上级交流的语言礼仪

幼儿教师的交流对象，除了幼儿和同事，也包括上级领导。其中，园长作为幼儿园的上级领导，幼儿教师要掌握与其交谈的礼仪。一般来说，与园长交流主要围绕请示、汇报、建议等内容展开，目的是获得园长的认可、理解、信任和支持。在交谈时，幼儿教师要注意以下几点。

（一）把握谈话时机

1. 借娱乐活动，委婉提出。一般来说，在组织娱乐活动时，领导通常心情比较好。此时，幼儿教师可以将你的建议提出来，领导会更容易接受。幼儿教师要注意的是，要将你的建议与当时的情况联系起来，措词要委婉而含蓄，运用暗示或类比的方法提出。

2. 工作遇到麻烦时。领导最怕的就是下属的工作出现问题，因此当工作遇到麻烦时，幼儿教师要主动找领导谈话，将自己遇到的问题的原因和想到的解决方法告诉领导。如果你不知道如何解决，也要将困难告诉领导，以便领导有机会指导你解决问题。幼儿教师要注意的是，提出自己的困难时，语言要简洁而直接，态度要诚恳，要以请求领导指点的谦敬之语提出，如"领导，实在不好意思，我遇到了难题，解决不了了，只好请您出山，指点我了"这样的语句，将领导的高明之处指出，也将自己的困难提出，不但简明，而且直接。在领导解决问题后，我们要及时道谢，一方面表达了对领导的感谢和尊重，另一方面也反映了个人的礼仪。

（二）注意谈话方法

幼儿教师与领导交谈时，要注意用语谦敬、坦诚、简明。作为一园之长，园长的工作都比较繁忙，教师在与园长交谈时，方法相当重要。所有的方法，我们一定要本着守礼、尊重的态度。

1. 摆正上下级关系，体现尊重和敬意。

从工作的角度看，领导就是领导，被领导就是被领导，不管是比你年龄大还是小，阅历比你深还是浅。所以，与领导交谈时，我们首先要尊重领导，服从领导，维护领导的尊严。见到领导主动问好，并在交谈时注意保持适当的距离。

2. 受批评时要虚心接受，态度诚恳。

一旦工作失误或出现问题被领导批评时，我们要注意虚心接受。主动承认自己的错误，并对领导的批评给予及时的回应，还要感谢领导的指导和教育。如"您说得对，下次我一定多注意""非常感谢领导的指导，我一定认真对待"。

3. 提出建议或请求时，言语简洁。

鉴于领导工作的繁忙，幼儿教师在和领导汇报工作、提出建议或请求时，要措词简洁，不能喋喋不休，要就事论事，不能涉及其他的人或事。

知识拓展

如何与同事、领导进行高效沟通

高效沟通是非常重要的，无论是与同事还是领导进行沟通，我们都需要掌握一些技巧和方法。

1. 倾听对方

在沟通中，倾听对方是非常重要的。如果你只是一味地表达自己的意见，而不愿意听取对方的意见，很容易引起对方的反感。因此，幼儿教师在与同事或领导进行沟通时，要注意倾听对方的意见，尊重对方的观点，避免一味地争论。

2. 使用积极的语言

在沟通中，使用积极的语言可以帮助你更好地与别人沟通。例如，使用"我们可以""我理解你的观点"等积极的语言，可以让对方感到你是在理解他们的观点。相反，使用消极的语言，例如"这不可能""你错了"等语言会让对方感到你是在抵触他们的观点。

3. 了解对方的需求和期望

幼儿教师在与同事或领导进行沟通时，了解对方的需求和期望是非常重要的。如果你能够了解对方的需求和期望，就可以更好地满足他们的需求，避免出现误解和冲突。

4. 使用明确的语言

幼儿教师在沟通中，使用明确的语言可以帮助你更好地表达自己的意见和需求。如果你使用模糊的语言，可能会让对方产生误解，导致沟通失败。因此，幼儿教师在与同事或领导进行沟通时，要尽可能使用明确的语言，避免使用模糊的语言。

5. 使用适当的沟通方式

幼儿教师在与同事或领导进行沟通时，使用适当的沟通方式是非常重要的。不同的情况下，适合使用的沟通方式也会不同。例如，如果你需要与同事或领导进行重要的商务谈判，可能需要使用面对面的沟通方式。而如果你只是需要简单地询问一些问题，可以使用电话或邮件等方式进行沟通。

专题四

幼儿教师的网络沟通礼仪

在信息网络时代，人们的形象更多地表现为真实生活形象与信息网络上自我表现的综合体。随着互联网的持续发展，网络沟通已经成为人们沟通方式的主流，也成为幼儿教师与幼儿家长的重要沟通方式。微信、QQ、电子邮件等都是很方便的交流工具，但是如果使用不当，使用者会很容易给人留下不好的印象。所以，幼儿教师应掌握网络沟通的礼仪，展现幼儿教师良好的职业素养。

主题1　使用微信的沟通礼仪

导语

　　随着社交媒体的流行，微信已经成为我们日常生活中不可或缺的一部分。无论是工作还是生活，微信都是我们最常用的沟通工具。幼儿教师在运用微信与家长沟通时，同样要注意相关的礼仪。

一、使用微信的礼仪规范

幼儿教师用微信与家长沟通时，要做好相关的准备。

第一，要与家长提前沟通，获得家长的同意，并在对方通过自己的好友申请后，主动打招呼。

第二，要将自己的头像设置为真人，以表现自己的亲和力。

第三，个人签名要积极、阳光，给家长留下良好的印象。

第四，发信息要有充足内容，节省彼此的时间。

第五，分享要慢慢来，不要"刷屏"。

第六，紧急的事不用语音。

第七，不在人多的地方用语音。

二、使用微信语音与视频沟通的注意事项

微信沟通的方式包括语音沟通、文字沟通、视频沟通和微信家长群沟通。个别幼儿问题，需要和家长一对一、面对面交流时，我们可

以选择微信语音、视频或文字与家长沟通。幼儿普遍性问题，我们可以选择微信群与家长交流。无论选择用何种方式，我们都要注意保持自己良好的形象。我们要尊重家长，注意语气、语音和语速，注意相应的规则和礼仪，将自己的目的准确地表达出来。

（一）语音沟通、文字沟通、视频沟通规则和礼仪

运用语音沟通，信息的内容要明确，以节省彼此的时间。在语音和视频之前，幼儿教师要与家长沟通，确认对方是否方便，如果对方不方便，询问什么时间方便，另行约定。我们要注意时间和场合，语音和视频时间都不宜过长，以免打扰到对方休息，更不要在嘈杂昏暗的场合与对方视频，要确保对方能看清你的面部，能清晰地辨别你的话。我们与家长视频时，要确保自己的着装规范、姿态端庄，不能过于随便、懒散。

（二）运用微信群与家长沟通时的相关规则和礼仪

第一，运用微信群与家长沟通时，要将其与其他三种沟通方式相结合。

第二，微信群中提到幼儿，幼儿教师要多表扬少批评，更不要在群里点名批评幼儿，公布成绩、排名等信息，以免伤害幼儿的自尊心，让家长感到不舒服。

第三，在群里晒照片时，幼儿教师要注意公平对待每一名幼儿，不要每次只发优等生或表现优异的幼儿的照片。

第四，微信群里说话时，幼儿教师要注意方式，不要"发号施令"，除了积极传播正能量，多向家长传达正向的信息和一些激励家长或幼儿的内容。我们还要注意措词委婉，尤其是看到家长在群里发一些不合适的内容时。

第五，不要在群里募捐，无论是学习用品，还是组织活动的服装、道具等。我们更不要将幼儿一天的表现都发到群里，以免家长过分依赖微信群，忽视了面对面交流的重要作用。

知识拓展

微信家长群的使用与沟通技巧

幼儿教师在与家长沟通过程中，微信群可以大大节省幼儿教师的时间，提高幼儿教师的工作效率。微信家长群的沟通技巧有以下几点：

（1）如果个别幼儿有问题，幼儿教师可单独与家长沟通。幼儿普遍性问题可以在微信家长群中与家长交流。

（2）在微信家长群中晒照片，幼儿教师要注意公平对待每名幼儿，多表扬，少批评。

（3）在每一条通知后加上"不用回复"或类似的话语，会给家长留下好印象。

（4）注意说话方式，传播积极向上的正能量。

（5）做微信家长群的引导者，对于一些不适合发在班级群中的内容，我们要学会婉言提醒。

主题2　使用电子邮件的沟通礼仪

导语

　　电子邮件是利用电子计算机所组成的互联网络向交往对象所发出的一种电子信件。使用电子邮件进行对外联络，不仅安全保密，节省时间，不受篇幅的限制，清晰度极高，而且可以大大地降低通信费用，堪称最方便、最快捷的通信方式之一。幼儿教师在使用电子邮件沟通时，要注意相关的礼仪。

一、收发电子邮件的礼仪

　　收发电子邮件是人们利用网络办公最常见的内容，也是最重要的方式。使用电子邮件对外进行联络时，务必遵守一定之规。

　　马老师对待自己的工作相当认真，一丝不苟，喜欢和家长或同事用电子邮件沟通。每次发邮件前，她都会反复查看内容，确定是否准确地表达了自己的意思，是否有错别字。这天，园里来了一位实习老师，马老师让她给各位家长发一封电子邮件，通知后天开家长会，务必准时到达。结果邮件拟好，还没发送时，马老师就把她批评了。原来，实习老师没写邮件标题，在邮件的开头没写对家长的称呼。马老师告诉实习老师，以后发邮件一定要注意这些细节。因为这体现了一名幼儿教师的礼仪，决定了是否能够给家长留下良好的印象。

　　电子邮件同样是伴随着互联网出现的一种沟通方式。幼儿教师要想不像案例中的实习老师一样出现失礼之处，就要注意掌握电子邮件沟通的相关礼仪。

首先，我们要清楚发送电子邮件的礼仪，即要认真撰写邮件内容，做到主题明确，内容规范。要合理使用附件功能，不能什么事情都发邮件，要注意把控尺度，还要对邮件内容加以保密。

其次，我们要定期接收邮件。幼儿教师一旦运用电子邮件与家长沟通，就要注意养成定期接收邮件的习惯。最好每天都查看一次邮件信息，以免遗漏或耽误重要邮件的阅读和回复。

最后，我们要及时回复邮件，一般在收件当天就要予以回复，尤其是收到他人的重要电子邮件后，应该立刻回复对方，不能置之不理或迟迟不回复。如果由于其他原因不能及时查阅邮件、及时回复，要在收件后的第一时间迅速回复，并向对方致歉。

此外，幼儿教师还要注意，大多数人喜欢设自动回复，这一方法的确省时省力，却常常因为自动回复而造成邮箱爆满，给双方带来不必要的麻烦。

二、注意撰写信件内容

（一）切记收信对象是一个人而不是一台机器

因为电子信息的互动是通过计算机网络产生的，使用者经常会不自觉地忘记与自己真正互动的是远程的人。许多情绪激动的字眼也因此不经意地随手发送出去而伤到对方，甚至引起冲突。记住写电子邮件实际上和我们写一封信是完全一样的，只是传递的方式不同罢了。

（二）电子邮件标题要明确且具描述性

电子邮件一定要注明标题，因为有许多网络使用者是以标题来决定是否继续详读信件的内容。此外，邮件标题应尽量写得具有描述性，或者与内容的主旨大意相关，让人一望即知，以便对方快速了解与记忆。

（三）信件内容应简明扼要

在线沟通讲求时效，经常上网的人多具有不耐等候的特性，所以电子邮件的内容应力求简明扼要，并求沟通效率。一般信件所用的起头语、客套语、祝颂词等，在线沟通时我们都可以省略。尽量掌握"一个信息、一个主题"的原则。

（四）厘清建议或意见

若要表达对某一事情的看法，我们可先简要地描述事情缘起，再陈述自己的意见。若是想引发行动，我们则应针对事情发展的可能提出看法与建议。有时因信息太过简短或标明不够清楚，收信对象可能会不清楚发信者陈述的到底是建议或是意见，因而造成不必要的误解。

知识拓展

使用电子邮件沟通技巧

在所有的沟通方式中，电子邮件是最难控制的，最容易产生误会。因此，我们应该注重使用电子邮件沟通的技巧。下面是幼儿教师使用电子邮件沟通的要点。

1. 明确主题

一个电子邮件，大都只有一个主题，并且往往需要在前注明。若是将其归纳得当，收件人见到它便对整个电子邮件的内容一目了然了。

2. 语言要流畅

电子邮件要便于阅读，就要以语言流畅为主。我们尽量别写生僻字、异体字。引用数据、资料时，则最好标明出处，以便收件人核对。

3. 内容要简洁

网上的时间极为宝贵，所以电子邮件的内容应当简明扼要，越短越好。

主题3 使用QQ的沟通礼仪

导语

　　QQ是通过网络使两人或多人之间运用文字信息、语音与视频进行交流的网络社交应用软件。现在，QQ交流早已成为我们工作交流中不可缺少的重要方式之一。幼儿教师在使用QQ与家长、同事或领导交流时，应重视使用QQ沟通的礼仪规范。

一、使用QQ文字沟通的礼仪规范

　　与家长用QQ沟通时，幼儿教师要注意用语规则和相关的礼仪，不能率性由心，以免产生误会，影响个人形象和工作。QQ交流同样包括文字、语音和视频三种方式，要注意相应的礼仪规范。

　　首先，幼儿教师与家长用QQ沟通，同样需要提前与家长沟通，在获得对方确认后，添加对方为好友。沟通时我们要注意交流的时间，要和家长做好相应的约定，要考虑到家长的时间和工作，以不影响家长的工作和休息为准。

　　其次，幼儿教师用QQ沟通时，发送信息要准确，不要出现错别字，以免让家长误解。要提升自己的QQ运用水平，倘若水平不足，要向家长说明，获得对方的理解。

　　最后，作为极度个人化的QQ，双方在沟通时，幼儿教师要注意尊重对方的隐私，同时礼貌结束交流。开始交流时我们要注意问候对方，如："××妈妈，你好。"收到信息要及时回复，结束交流时我们要主动道别。

二、使用QQ音频或视频的礼仪规范

首先，幼儿教师在进行语音或视频沟通前，要与家长沟通或发送邀请，获得家长的同意，不能自作主张，从而给对方造成不便。

其次，幼儿教师要做好相应的准备，提前调试语音及视频设备，确保话筒音量适中，摄像头光线充足，背景及自身着装得体。

再次，幼儿教师用视频交流时要面带微笑，与对方进行目光交流，语速适中，说普通话要清晰、准确，并在交流前确认对方能否听到声音。同时，交流时我们要专注，不能一边做着其他的事情一边与家长交流，这样会令对方感到不被尊重。

最后，幼儿教师在交流过程中遇到技术故障无法沟通时，要及时换用其他方式，或向家长解释清楚并致歉，再另约时间进行沟通。

知识拓展

使用QQ沟通技巧

第一，我们要记住聊天对象的姓名，切忌记错或者写错对方的姓名。我们还应留意聊天对象的个人资料，可通过修改昵称或者增加备注来记录对方的个人信息。

第二，聊天前我们应先向对方打招呼，询问对方是否有时间交流。以不打扰聊天对象的工作及休息为原则。当聊天对象显示处于忙碌状态时，我们不应频繁地发送窗口振动。

第三，发送离线文件或者图片之前，我们应向聊天对象说明并征得同意。

第四，聊天用语应文明、简洁、易懂，我们应准确使用礼貌用语。在文字交流中，我们可适当使用表情符号来营造热情、轻松的聊天氛围。

第五，发送消息前应检查是否存在语法及用词错误，我们应尽量准确传递信息，以便聊天对象进行理解。

第六，尊重他人的隐私。聊天过程中，我们不主动询问他人的私人信息。对他人的个人资料我们应予以保密，不可向外传播。

第七，交谈内容不宜涉及对方的信仰或政治立场，我们应选择时尚、趣味性强、聊天对象擅长或感兴趣的主题。

第八，聊天过程中，我们应注意倾听对方的声音，与对方互动。切忌自顾自地滔滔不绝，避免造成"一言堂"。

第九，我们应及时回复对方的留言或信息，若未能及时回复，我们应致歉并说明缘由。交谈过程中，切忌一味地沉默，我们应注意回应聊天对象。

幼儿教师的日常交往礼仪

　　现代生活中，我们每时每刻都离不开与人交往。讲究礼仪，展示幼儿教师的学识、修养、才能和价值，妥善地处理好人际关系，把尊重、重视、真诚和友好传达给对方，将使我们的人际交往有效且高效。每个人所得到的，就是自己所付出的。如果与幼儿教师礼仪不合节拍，往往会与幼儿教育活动格格不入，无法得到幼儿、家长、同事、领导以及社会成员的认可和协助。具有礼仪修养的幼儿教师，能给人以有教养、有能力、有风度的感觉，会受到社会公众的尊敬和欢迎，从而能够获得更多的理解、帮助和支持。

主题1 与幼儿的交往礼仪

导语

在幼儿园，与幼儿相处最多的是教师，在相处过程中，因年龄小而往往处于被动状态。与幼儿交往时，幼儿教师应该坚守"学为人师，行为世范"的教育理念，用自己的言行举止树立起教师这个光荣的形象，同时为孩子们树立起乐于学习的榜样。

一、与幼儿交往的礼仪规范

第一，面向全体幼儿，热爱幼儿，关心幼儿。

第二，举止文雅得体，体现教师风度。一举一动、一言一行堪为幼儿表率。

第三，尊重幼儿，树立与幼儿平等的观念，使每个幼儿都能自由、活泼、健康地成长。

第四，教学仪态自然大方、亲切稳重。语言文明，讲普通话，语速适中，态度温和，语言生动、有趣且儿童化。

第五，坚持正面教育和赏识教育。严禁打骂幼儿，禁止任何形式的体罚和变相体罚。

第六，带班时精神饱满，做到人到心到，聚精会神。不擅离岗位，不与人闲谈，不带个人情绪上岗。

二、与幼儿交往的细则

（一）坚持"迎、问、察、接"

幼儿来园时，教师应主动上前笑脸相迎，亲切接待每一个幼儿。

先称呼和问候——"××小朋友早"。对小班的孩子，要接抱服务，对中班、大班的孩子，可手拉手接过，或躬身摸摸头领过来。尽可能地与家长进行简单的交流。

同时，观察、了解幼儿的情绪及身体状况，查看幼儿是否携带了不安全物品，并做好个别幼儿衣物、药物的交接工作。

幼儿教师每日应对幼儿做到"一看、二问、三检查、四感觉"，掌握幼儿当日的基本信息。

（二）形象举止要为人师表

仪容端庄，服饰美观、整洁，便于工作。举止大方，动作轻柔，坐、立、蹲、行的姿态端庄文雅。

幼儿教师应特别注意：不跷二郎腿，不坐在桌子上或幼儿的床上，不把腿伸得很长妨碍幼儿行走，不长时间坐在椅子上不动，不随便指手画脚、指指点点。

（三）工作语言规范

幼儿教师应使用普通话，并能够随时自如地运用礼貌用语。对幼儿使用正面语言，言辞要得当。在幼儿面前，对家长和同事要用尊称，对客人要主动打招呼。

不讲粗话、脏话、怪话、黑话，忌大声训斥、谩骂幼儿，忌拿腔拿调，对幼儿大呼小叫。说话时，不要离幼儿太近，尽量减少不必要的口头禅。在任何情况下，教师都不得使用命令、蔑视或憎恶之类的口吻；不得使用刻薄、挖苦幼儿的语言；不得给幼儿起绰号，不能对幼儿说反话。

（四）把握交流时的姿态

与幼儿交流时，教师要尽量与幼儿保持同一高度。宜蹲下来与幼儿交谈，抱起幼儿与之交流，或牵着幼儿的手进行教育。

（五）指示手势到位

指示幼儿时，教师要用语言加手势提示，或牵着手引领指示。不得拉扯幼儿的身体和衣服，不得随便用手指点。

（六）细心引导互动活动

师幼互动时教师应热情温和，不断提示，积极应答。要仔细观察幼儿的言行，并及时给予评价和鼓励。让幼儿积极主动地参与活动，不得随意让幼儿离开集体，不参加游戏等活动。

（七）培养幼儿的卫生习惯

教师要指导幼儿正确地洗手，养成饭前、便后洗手的习惯。组织好幼儿吃饭，引导幼儿养成不挑食、不掉饭粒的习惯，让幼儿安静而愉快地就餐。

（八）轻声慢步

教师在非教育活动时段，注意轻声慢步，不影响他人。在幼儿午睡时，不聊天、不打电话、不扔东西，宜轻声缓步，轻拿轻放，不影响幼儿的休息。

（九）特殊照顾要细心

幼儿身体不适，幼儿教师要根据情况立即送医院或通知家长。

若家长带药来园，幼儿教师应要求其写清幼儿的姓名、药品名称、剂量、服药时间、服药次数等。幼儿教师要将药品存放在专用的药箱内，避免其他幼儿触碰。教师要按时给幼儿服药，服药后要在清单上打钩或标注。

（十）做好本职工作

幼儿教师不得随意请幼儿替自己做事。若教师请幼儿协助做孩子力所能及的事，我们应该说"你辛苦了""谢谢你"等。

知识拓展

如何与幼儿进行交往和互动

教育过程就是人与人之间的交往过程，幼儿教育活动过程就是教师与幼儿之间心灵的沟通、精神的相映、生命的碰撞。这就要求幼儿教师在教育过程中不只是关注知识、技能的传授效果，还要关注幼儿的表现，关注与幼儿之间的沟通和理解。在这个过程中，以一定的教育活动内容为中介，幼儿教师和幼儿相互倾听、相互理解，是一种双向交流活动，在互动中进行沟通、理解、交换，使彼此的经验、知识、思想、价值、意义、情感、态度等都显现出来并对对方产生一定的影响。那么，幼儿教师应如何和幼儿进行相适宜的交往和互动，应采取哪些相应的策略呢？

1. 关爱幼儿

幼儿教师应该对儿童的哭、笑、生气、惊奇等各种行为表现出较强的敏感性，并通过自己的判断作出适当的反应，使幼儿感受到来自教师的关注、关怀和爱的情感，从而消除幼儿对教师的顾虑，敢于亲近教师，信赖老师，建立安全感。尤其是小班幼儿，还有班上那些懦弱、缺乏安全感的幼儿，更需要这种关爱。一句亲切的问候，一个爱抚的动作，一种鼓励、赞许的表情都会给幼儿带来自信、安全、信任，从而产生相互信赖的互动效果。同时，幼儿教师应经常对幼儿进行认真的观察和省思，真正深入到孩子独特的内心世界。因为每个幼儿的精神世界都是一本独特的、非常耐读却不易读懂的书，需要教师用智慧和理性去理解。

2. 为幼儿提供各种不同的交流机会

在互动和交往的过程中，幼儿教师要与幼儿进行经常性的平等交谈。除教学之外，还要注意日常生活中的随意交谈。在交谈中幼儿教师要选择幼儿日常生活中感兴趣的事物、话题，与幼儿一起平等、真诚的交谈。而且，幼儿教师在与幼儿进行交流时，应该坐下或蹲下，与幼儿的目光保持接触，如同好朋友一般，深入浅出地与幼儿交流彼此内心的感受、烦恼和欢乐。

3. 参与幼儿活动

幼儿教师要通过对幼儿的支持和语言鼓励、关注和接近等方式，以普通的活动参与者心态参与到幼儿自主的活动中去，有效地促使他们完成活动任务。尤其作为教师，要注意幼儿活动中的紧张迹象，通过开展适当的消除压力的活动帮助幼儿克服紧张心态，处在轻松、从容的活动状态。

4. 以适宜的方式、行为对待幼儿

幼儿教师要注意了解幼儿在兴趣和能力上的个别差异，要以尊重、接受和安慰的方式提高每个幼儿的自我价值感，尤其是班级里较为典型、特殊的幼儿。作为幼儿教师应设法与这些幼儿建立良好的个人关系，在平时活动中，设法与他们多接触，在活动中充分展示其活跃的一面。

5. 积极回应幼儿的社会性行为

幼儿教师应该对幼儿的行为作出适当的反应，尤其是一些社会性行为，如具有合作、谦让、互助、负责、正直、友好、勇敢等特征的行为，应给予积极的关注和回应。对于幼儿积极的社会性行为，教师应该给予肯定和赞赏，并设法引起社会性赞同，扩大其影响。

主题2　与家长的交往礼仪

导语

　　对幼教机构来说，家长是一个特殊而重要的群体。做好家长的工作，是幼儿园工作的重中之重。幼儿教师应本着尊重、平等、合作的原则，争取获得家长的理解和支持，并引导家长主动参与幼儿教育。

一、接待家长的礼仪规范

接待家长时，幼儿教师应注意以下礼仪规范。

第一，幼儿教师迎接家长和幼儿来园时，宜起身向前，微笑问候，点头致意，或施15度鞠躬礼，也可行握手礼。

第二，幼儿教师与家长谈话时，要控制音量，并保持1米左右的距离，认真倾听家长的叙述。要营造宽松的氛围，以平等的身份与家长交谈。

第三，家长来访时，幼儿教师应立即起身相迎，主动询问、了解情况，提供力所能及的帮助。若个人解决不了，幼儿教师应及时向相关人员或领导反映问题，尽快给予家长答复。

第四，对家长要热情、大方有礼。对家长所提的要求，我们要尽量满足；对家长的意见，我们要虚心接受；对家长的感谢，我们要礼貌回应，但不得接受家长的礼品。

第五，教师要尊重家长，主动与家长沟通、共同合作，以促进幼儿的身心健康发展。平时我们要建立与家长联系的平台，通过家长联系本、电话、电子邮件、QQ、微信等，及时与家长沟通信息，双方以合作的方式对幼儿进行教育。

第六，幼儿教师与家长交流时，对幼儿的评价一定要客观、全面，既肯定优点与进步，也要真诚地指出不足之处。交谈中我们不要将幼儿与别的幼儿进行比较。谈完后，我们要肯定此次沟通的收获。

第七，幼儿教师与少数民族家长、有不同宗教信仰的家长交流时，要注意尊重他们的文化、信仰、习俗，以及生活习惯、思维习惯等。切忌另眼相看、区别对待。要用充满智慧的方式让他们感受到尊重、温暖和平等。

第八，幼儿教师送别家长及幼儿离园时，应微笑道别，点头致意，或施30度鞠躬礼，也可行握手礼。目送家长及幼儿远行时，可致招手礼，若条件允许，可送至门外。

二、家长会的礼仪规范

幼儿园要定期召开幼儿家长会，以总结、汇报幼儿教育的阶段性情况，让家长了解幼儿在园的成长状况。还要组织一些开放日、公开教学、亲子活动或开办家长学校，使家长了解幼儿园的工作及孩子各方面的表现，向家长介绍科学育儿知识，促进幼儿的健康成长。

第一，幼儿教师应提前通过书面或电话、QQ、微信等通知家长，说明活动的主题和重要性、具体时间和地点，以及需要做的准备。

第二，幼儿教师在家长会或活动中，要努力创设和谐的氛围，注重情感的作用。

第三，幼儿教师多给家长发言的机会，与家长应平等交流、友好协商，记录家长所提的宝贵意见。

第四，幼儿教师要重视会后反馈。要保障家长留言、家长邮箱等反馈意见的途径畅通，或通过电话、QQ、微信等方式对家长进行回访，广泛、及时地收集家长意见，以利于幼儿园工作的改进。

知识拓展

如何与幼儿家长交往

幼儿教师面对的是个性迥异的孩子，而与这些孩子紧密联系的是他们的家长。幼儿教师和家长能否和谐交往关系着幼儿园与家长之间的合作。下面是与幼儿家长的交往技巧。

1. 了解家长的情况

幼儿教师通常是双方交往的主动者，进行谈话前，有必要了解家长的职业、性格、家庭状况、教育理念；清晰地了解孩子的学习、生活情况，明确孩子的性格特点、喜好，从而与家长进行有针对性的沟通，有目标地解决孩子的问题。

2. 注重交流方式

幼儿教师应该注意交流的方式。通过面谈、家访、电话或者聊天媒介交流，要把握这些媒介的不同特点，合理运用不同的交流方式。面谈或者家访时候，可以细化交流内容，观察对方，适时调整交流内容。电话或者聊天媒介沟通时，要简洁明了。

3. 把最新的教育理念传递给家长

由于双方角色的不同，两者的教育观念存在差异。幼儿教师作为经过专业训练的教育工作者，在教育幼儿过程中有着丰富的经验和先进的教育理念。与家长交往过程中，幼儿教师要把最新的教育理念传递给家长，丰富家长的知识，同时达到统一双方理念的作用，减少教育理念的差异。

主题3　与同事的交往礼仪

　　幼儿教师生活和工作在幼儿园中，同事之间的关系相当重要。幼儿园教师如果不注意同事之间的相处礼仪，就容易产生矛盾，影响工作。因此，幼儿教师处理好与同事的关系，建立融洽的同事关系，与同事互相协作、互相团结、步调一致，形成良好的集体，更有利于幼儿教师工作的展开、心情的愉悦。如此一来，幼儿教师有必要掌握同事之间的交往礼仪。

一、与同事相处的礼仪规范

　　相互尊重是处理好所有人际关系的基础，同事关系也不例外。同事关系是以工作为纽带的，一旦失礼，创伤难以愈合。因此想要处理好同事之间的关系，最重要的是尊重对方。具体来说，这种尊重表现在如下的礼仪规范。

　　首先，称呼得体。在办公室里，同事之间互称名字，对德高望重的老同事，要以职衔称呼或称其为"老师"。在幼儿面前，同事之间称呼"××老师"，而不用生活中"小×""老×"的称呼。要特别注意的是，不要随意给同事起绰号，更不要在幼儿面前称同事的绰号、乳名、小名等。

　　其次，行为有礼。有事需要同事帮助时，礼貌为先，获得帮助后记得说"谢谢"。与同事相处，谦虚谨慎。上班或下班时，与同事相遇，主动问好，点头致意，互道"再见"。

最后，保持得体的距离。得体的距离，可以为同事和自己创造一个舒适的空间。一是在同事办公时，离得远一些。同事写东西或阅读书信时自觉走开。未经同事同意，不随意动用同事的物品，如办公桌、抽屉、文件等。确实需要找东西，而主人又不在，应该在第三人的陪同下寻找，并在事后向主人说明情况，并表示歉意。二是不干涉同事的工作，更不对同事的行为指手画脚。如果同事在工作，不要有事没事地随意询问，以免打断对方的思路。提出意见时措词要委婉，如"我对这件事有其他看法，因为……""我想，能不能这样……仅供参考"。

二、与同事交往的礼仪准则

（一）态度谦和

对待同事，以礼相待，不在办公环境中发脾气或发牢骚，不对同事盛气凌人，不对同事指手画脚。与同事相处，真诚、平等，对同事一视同仁。不搞小帮派，不伤害、打击同事，同事之间要相互支持、相互体谅。

（二）尊重同事，保护人格

尊重同事是指尊重同事的基本权利，不诬陷、诽谤、辱骂或蔑视同事，并对同事的隐私保守秘密，不侵犯同事的基本权利或影响同事权利的实现。为同事保守工资薪酬、专业绩效等方面的秘密，以及如年龄和家庭情况等其他个人信息。同事的工作情况不得随意向外公开，除非征得当事人的同意，或为了保护幼儿的利益，或开展专业合作所需。

（三）尊重工作，评价客观

尊重工作表现为尊重同事工作的多样性，不以工作岗位的不同而区别对待同事。对保育员、保健医生、后勤服务人员、行政管理人员或科研人员等同事，要以礼相待。对同为幼儿教师的同事，尊重其教育理念和教育风格，不以个人的喜好来干涉同事的工作，也不用自己的专业判断来替代他人的专业选择，除非能够理性地证明同事原有的选择是错误的或者是对幼儿有伤害的。

评价客观表现为在对同事进行评价时，只对其所做的与专业相关的评价，并且要根据客观事实来进行评价。尤其在进行招募、考核、留用、升职或解雇等抉择时，更要谨慎客观地对同事的专业能力进行评价，不能将个人情感和无关的个人因素放入其中，以免影响评价结果的公正。比如不能从同事的性别、民族、原籍、宗教信仰、年龄、婚姻状况、家庭结构、身体状况、性取向等因素评价同事，除非这些个人因素可能对幼儿造成伤害。

当然，评价客观并不意味着同事之间不能进行正常的批评指导。要注意的是批评不能带有轻蔑的味道，应该是基于客观事实的批评，且不能违背尊重他人这一基本原则。如此一来，才能让受批评者正确地、积极地看待同事的批评，才能看到自身的不足，得以改正错误。

（四）关怀同事

同事相处，除了要互相尊重，我们还要注意适时、适度地表达关爱之情，以此营造出一个和谐温馨的教育环境，促进幼儿的健康成长，并对幼儿产生示范作用。这主要表现在对同事的需要要给予极主动的回应和满足，面对同事的"喜""怒""哀""乐"要感同身受，多给予关心。积极主动地为同事的专业发展提供帮助和指导，与同事共同弥补他所造成的专业过失。当然，对于同事遇到的生活上的困难，要主动询问、量力而助，以增进双方的感情，保持融洽的同事关系。

知识拓展

与同事交往的小技巧

1. 妥善化解冲突

幼儿教师在与同事交往中，如果发生原则上的矛盾，我们必须以集体利益为重，绝不退让；若是产生名利上的纠纷，在不失原则的情况下，我们尽量发扬风格；若因小事引起的矛盾，最好是装糊涂，做到"得饶人处且饶人""有理也要让三分"。凡事不要斤斤计较，宽宏大度是化解人际危机的良方。

2. 加强交往

幼儿园教师的日常工作中，经常出现这种现象：一些活泼好动、性格大方的教师，更受人关注和喜爱，而内向孤僻、不喜欢与人交往的教师常常落得个"清高自傲""孤芳自赏"的"美誉"，因不被了解而产生疏离。因此，幼儿教师应多参加一些活动，增进同事对自己的了解，与大家打成一片。比如见到同事要常打招呼，谈谈工作、拉拉家常，易于建立良好的关系。

3. 适当赞美

每个人都喜欢得到别人的肯定和赞美。赞美是工作和生活中的调味剂，一句由衷的赞美或一句得体的建议，会使同事感觉到你对他的重视，无形中增加对你的好感，同事间的关系也会更加融洽。不过，值得注意的是：不要盲目赞美或过分赞美，这样容易有献媚之嫌。当同事有真正好的表现时，我们要给予诚心的赞美而非嫉妒。反之，我们应该给予诚心的批评和建议。

主题4　与领导的交往礼仪

导语

良好的上下级关系，可以让幼儿教师工作顺心，得到领导的支持与鼓励。而打造良好的上下级关系，需要幼儿教师注意与上级的交往礼仪。这就要求幼儿教师掌握与上级交往的相关礼仪规范。

一、与领导交往的礼仪规范

幼儿教师与上级交往的礼仪中，领导无论级别大小都是领导，身为下属要尊重和维护领导的权威和形象。在与领导相处时，我们要遵守必要的礼节，不能用和同事相处的方式来对待领导。幼儿教师与领导交往有如下礼仪规范。

（一）主动问候或告别

无论何时见到领导，都要主动打招呼。如果距离近，就向领导微笑点头，或致以15度鞠躬礼，并用礼貌用语打招呼；如果距离远，可行注视礼，当双方目光相遇时，微笑点头或招手致意。切忌遇到领导佯装看不见而避开，或自视甚高，或自卑胆怯。这些行为都会影响人际交往和人际关系。

不论在园内还是园外，只要领导在场，离开时一定要跟领导打招呼，比如说一声"对不起，我先走一步"或者说"再见"，以示敬意。

（二）出入文明，接待得体

我们进入领导办公室前要敲门，获得许可后再进入。如果遇到领导与人交谈，但的确有急事要请示，我们可以说"对不起，打扰一下……"，如果领导正在低头批阅文件，注意不要探头探脑或用眼睛乱瞟。出入时开门、关门要轻，避免发出响声，离开时要随手将门关好。领导到办公室时，要主动起立迎接，微笑问好。待领导就座后再坐下，主动接受领导检查或布置任务。领导离开时，应主动为其开门，并说"再见"。

（三）遇事请示，自觉守纪

遇到需要请假或发生了迟到、早退的事情时，我们要尽可能自己动手写假条或打电话，向领导本人报告，而不是请家人或同事传话。请假要自觉履行幼儿园的相关手续，报请领导批准。

（四）上级领导，得体接待

遇到上级领导到幼儿园，除了礼貌接待，我们还要注意座位的排列，要牢记相关礼仪，如居中为上、前排为上、面门为上、以远为上等等。我们还要注意内外有别、中外有别、客随主便等礼节。

二、与领导交往的礼仪准则

（一）维护领导的尊严

幼儿教师与上级交往的礼仪中，最重要的就是要尊重和重视领导，维护领导的尊严。尊严的外在表现是一个人尊贵的身份和地位，内在表现为一个人应有的自尊心和基本人格。因此，领导的尊严格外重要，必须加以维护。

1. 积极配合领导的工作。维护领导的尊严，我们首先就要主动积极地配合领导的工作，无论在什么场合，与领导说话都要注意分寸，不随便和领导开玩笑，更不要当众纠正领导的问题和错误。当然，如果发现领导出现错误，不妨当众视而不见，装不知道，顺其自然，事后找合适的机会提醒。切记不可冷嘲热讽，更不要私下议论。

2. 尊敬领导。幼儿教师要清楚，领导必定有其能力，其身上必定有许多我们需要学习的地方，因此我们要积极向领导请教，向领导学习。如果对领导有意见、有想法，不要对着干、顶撞领导，更不要在背后议论领导，不散布对领导的不满情绪。领导在工作中出现了失误，我们要宽容、体谅，更不能当着众人的面揭领导的底。领导讲话时，要认真倾听，不要随便插话。

（二）服从指挥，积极工作

与上级相处时，幼儿教师还要注意服从上级的指挥，积极工作。这是对上级最大的支持，更是对上级的尊重和维护。

1. 认真负责，勇于担当。幼儿教师要注意在接受上级下达的任务时，详细记录、认真办理并认真理解领导下达的任务，避免机械行事。一旦发生了错误，我们不能责备领导或向领导推诿，要学会自我检讨。

2. 积极请示，及时汇报。幼儿教师在工作中，还要注意在接受任务后，及时向领导汇报，以便领导了解工作的进度，同时发现问题予以指导，而不是自作主张。

（四）尊重领导的隐私

幼儿教师要认识到，无论与上级私底下是多么好的朋友，但在工作场所及办事时，都要注意分寸，要将对方当作领导对待，要保持领导的权威感。其中，尊重领导的隐私就是重要的礼节。

1. 与领导保持距离。无论与领导关系多么亲密，我们都不要当着其他同事的面讨论自己与领导的私事，或者与领导过分亲密。更不要在公共区域或办公室里当着第三方的面与领导谈家事，尤其是领导的家事。

2. 不触碰领导的隐私。我们偶尔在工作或生活中触碰到了领导的隐私，也要装作看不清、没看到或看不懂，不要触碰领导的隐私，更不要反复提起，或者在同事之间传播。

知识拓展

与领导相处的原则

1. 尊重而不漠视

首先，我们要支持领导的工作，服从领导的正确决定，不要公开表示对领导的不满或当面顶撞。其次，对领导的努力和工作成绩要给予充分的肯定和承认，我们不要只看缺点和不足。再次，在讨论问题或者发表自己的想法时，我们应首先认同对方的某些观点，再发表自己的见解。

2. 主动而不越位

我们要努力像领导一样去了解和掌握工作的全面性，努力了解和掌握每个时段的工作重心，分清工作的轻重缓急，主动排除干扰。研究领导的工作思路，分析领导的意图，并加以理解、完善和落实，积累和储存有关的工作资料。

3. 支持而不盲从

作为下属，应具有调度、协调和综合加工的能力。我们要支持领导工作，就需要服从领导，按领导的意图进行工作。但是，支持和服从并不等于盲从，这需要我们理性去分析。

4. 沟通而不回避

上下级不论是在看待问题的观点和方法上，还是在解决问题的战略和战术上，都会存在不同程度的差异。这些差异的存在是客观的，是可以理解的。能不能缩小差异或找出差异中的结合点，与我们日常工作中能否和领导及时沟通、协调有密切的关系。

主题5　与邻居的交往礼仪

导语

　　幼儿教师的生活空间除了幼儿园，还包括所在的社区。因此，其社会范围同样也包括了生活在同一社区的相关人员，如邻居。俗话说"远亲不如近邻"，好的邻里关系是守望相助的基础。与邻居以礼相待、相互关照、相互谦让、和睦相处，是幼儿教师应当遵守的礼仪。

一、与邻居交往礼仪规范

　　一栋楼或一个社区里住着各种各样的人。但无论从事什么工作，无论职位高低，每个人在人格上和法律面前都是平等的。因此，邻居之间要礼貌相待，彼此尊重。

（一）正确称呼

　　邻居之间要做到礼貌相待，我们首先要注意得体的称呼。一般来说，比自己父母辈分大的称呼爷爷、奶奶；与自己父母同辈、比父母岁数大的称呼伯伯、伯母；与自己父母年龄相仿或比父母岁数小的称呼叔叔、阿姨。

（二）谦让礼貌

　　除了得体的称呼，我们还要注意早晚见面时应该热情礼貌地打招呼，如"××叔叔，您早！""××，你好！"并行点头礼或招手礼，不要视而不见，甚至装作不认识。在楼道里或窄小地方遇到长辈，我们要主动让路，请长者先走。遇到老人上下楼梯，我们应上前去搀扶。见到邻居提、搬重物，我们要主动让路并询问是否需要帮助，不能抢上抢下或挤上挤下。

（三）有借有还

我们向邻居借东西要有礼貌。如轻轻敲门，等主人开门后用请求、商量的语气说明来意，归还时要表示谢意。另外，我们要注意用双手接、递所用的东西。借来的东西要小心使用，十分爱惜，不要弄坏弄丢。如果损坏我们要主动赔偿，并赔礼道歉。如果主人不要求赔偿，除了当面赔礼道歉外，最好用别的方式弥补主人的损失。

借用的东西使用完毕要立即归还，我们不要忘记归还，更不能等邻居来索要。如需延长借用的时间应向邻居说明，经邻居同意后再继续使用。一般较贵重的东西，最好不要去借。别人来借时不要擅自转借，须向物主告知。

二、与邻居交往的礼仪准则

此外，邻居之间相处还要做到知礼守礼，注意保持距离，做到相互尊重、相互关照。

（一）相互尊重，不传是非

首先，邻里之间同居一处，极易了解各家的生活习惯。我们切忌打听邻居的隐私，更不要在邻里之间传闲话，或捕风捉影、搬弄是非，以免邻里之间产生矛盾和纠纷。

其次，尊重邻居的习惯，不要因为自己的习惯或爱好影响对方。我们遇到双方发生冲突时，要主动沟通、学会退让，千万不要指桑骂槐，这是没教养的坏习惯。对于邻居不合理的要求和做法，我们可以采取"有理、有节"的态度，合理地、妥善地解决处理问题。

（二）注意细节，互相关照

邻居之间相处，我们更要注意一些细节，比如不要占用公共空间。如遇特殊情况，则要提前和邻居沟通并说明原因，求得邻居的理解和支持，并在事后向邻居表示感谢。家中如果养了宠物，要注意不要让宠物惊扰了邻居，并做好宠物的卫生工作，以免污染环境。

邻里之间要相互关照，有事互相帮忙，而不要以邻为壑，甚至"老死不相往来"。如果邻居有事相求，我们应尽量帮忙，如爱莫能助也要坦言自己的难处。自家遇到问题，求邻居帮忙时语气要诚恳。如果对方拒绝，我们也要保持风度，对对方表示歉意或感谢，如"不好意思，打扰了"。

我们需要注意的是，当邻居家夫妻吵嘴、打架，闹得不可开交时，如果关系不错不要袖手旁观，更不能火上浇油，应当酌情劝架，积极做好调解工作。

知识拓展

与人和睦相处的基本准则

1. 尊重平等

任何良好的人际关系都能让人体验到自由、无拘无束的感觉。尊重和平等是我们建立高质量人际关系的基础。

2. 乐观主动

微笑往往能缩短与别人之间的距离。我们通过微笑向周围的人传递出一种友好、善意的信号，对别人的苦难主动提供帮助，很容易建立良好的人脉。

3. 真诚待人

真诚使人产生安全感，减少自我防卫。越好的人际关系越需要暴露一部分自我，也就是把真实想法与人交流，这样才能赢得信任。

主题6　与家人、亲友的交往礼仪

导语

　　长期生活在一起的家人，血脉相关的亲友，相处时是否就不需要注意礼仪？实际上，同样需要注意交往礼仪。幼儿教师要认识到，得体的礼仪不但有助于增强亲情，促进亲友关系和谐，而且利于营造温馨的家庭氛围。

一、与家人交往礼仪规范

　　家人之间关系和睦、相亲相爱，除了靠先天的血缘关系产生的亲近感，必要的交往礼仪也可以促进亲情的加深，减少不必要的矛盾。因此，幼儿教师掌握与家人交往的礼仪，不但利于自己的家庭和睦，也利于提升自己的文明素质。

（一）互敬互爱，互信互帮

　　家人之间要互相尊重，互相爱护，彼此关心。这种互相尊敬，体现在尊重家人的劳动成果，尊重家人的人格，尊重家人的兴趣和意愿，更要尊重家人的朋友和亲戚。为此，我们要注意保持家里的环境卫生，爱护家里的物品和器具。家人作出了自己的选择时，要尊重对方。如果要提出意见或看法，我们要注意措词委婉，照顾对方的心理感受。需要家人帮助时，我们用词要客气，获得家人的帮助后，我们要及时表示感谢。同时，家人之间相处，我们要注意多看对方的优点和长处，不能只盯着家人的短处和不足，从而伤害了家人之间的感情。

我们遇到家人身体不舒服时，要主动关心和问候，及时陪同家人去医院就诊。家人之间要互相信任，不要互相猜疑，尤其是夫妻之间，应当给对方适当的社交空间。同时，家人遇到工作或生活的不如意，我们要多宽解体谅，不能冷嘲热讽，我们要积极提供力所能及的帮助，比如提供自己手边的资源等，帮助家人获得成功。

（二）互慰互勉，互让互谅

人的一生遇到一些挫折和困难是不可避免的。当发现家人遇到困难和挫折时，我们要主动安慰、开解，认真倾听对方的心声，给予对方心理安慰，并给予对方帮助共同渡过难关。当家人心情沮丧或情绪低沉时，我们要注意给予勉励，帮助家人增强信心，成为家人的心理支柱，从而使家人可以坚强地面对事业和生活。

一旦家人之间发生意见分歧，我们要互相谦让，而不是互相指责、埋怨、揭短。遇到问题时，我们要和家人一起努力解决问题，不能忙于追究责任，更不能对家人予以斥责或埋怨。当然，我们还要包容家人的缺点和不足，遇到家人做了令人不快的事情，我们要学会原谅。

（三）心怀感恩，行事有礼

家人不但与我们血脉相连，而且陪伴我们走过人生之路。因此，除了要互敬互爱、互信互帮、互慰互勉、互让互谅，我们还要对家人心存感恩。在接受家人的帮助时，我们要及时表达对家人的感谢，还要注意在节日或一些特殊的日子里，向家人送上问候或礼物，以示自己的爱与关怀。

家人之间相处，我们也要注意相应的礼节，除了注意称呼上的措词，还要注意无论何时都要说话和气，声音平和，使用文明用语。

二、与亲戚朋友交往的礼仪规范

亲戚朋友是家人之外，我们的另一个重要的交际群体。亲戚朋友存在着远近、亲疏之分。考虑到这种关系密切程度上的差别,在与之相处时,我们要注意遵守相关的礼仪,把握适当的分寸,才能达到亲戚越走越亲、朋友越处越好的效果。

(一)走访亲友,注意礼仪

亲戚朋友之间要经常走动,增加彼此之间的感情。每逢节假日,到亲戚、好友家中拜访,或者到亲友家中递送物品、传捎口信,或者到亲友家中请教问题,都要注意相关的礼仪。

1. 提前沟通。无论什么原因去亲友家,我们都要提前与对方沟通,通过一个电话或一个口信,告知自己的到访时间,确定对方是否方便,并与对方约定具体的日期。这样的做法,一方面利于对方提早安排,不会打扰对方的安排;另一方面,体现了对对方的尊重。

2. 时间恰当,穿着得体。到亲友家去,我们还要注意时间安排。一是要注意选择恰当的时间,一般不要在别人吃饭或休息的时间去拜访。二是要注意拜访的时长,尤其是晚上拜访亲友,逗留的时间不宜太长,以免影响主人及其家人的休息。

到亲友家去,还要注意衣着得体。这是指衣着要整齐卫生、仪容要整洁,以示对亲友的尊重。

3. 举止得体,进退得宜。到亲友家时,我们要在进门时轻按门铃或轻轻叩门,无论家门是否打开,在得到对方的回音或打开门后再进入。如果需要脱下外衣或放下手中的物品,我们要征求亲友的意见,放在对方认为合适的位置。进入亲友家中,我们要注意向亲友家的其他成员主动打招呼、问好,如果遇到许多人在场,我们要在主人介绍后向所有人一一问好。

如果亲友的年龄较大属于长辈,或者是第一次去亲友家,进入亲友家门后要在主人落座后再坐下。入座时，动作要稳，不要突然坐下，发出响声。入座后，手可平放在沙发上或沙发的扶手上，上身稍向前倾，以示对主人的尊敬。

4. 相处知礼，告别懂礼。在亲友家中，如果主人为自己斟茶，我们要弯曲食指在桌面上稍稍叩响，以表示感谢。如果要在亲友家中就餐，我们要在主人入席或落座后在亲友指定的位置落座。交谈时，如果有长辈在座，我们要注意用心倾听长者的谈话，不要随便插话。如果主人家来了新的客人并有要事商谈，我们要尽快告辞。

在亲友家中，我们不要随便动主人家贵重的东西，比如电视机、音响、录像机、照相机等，更不要随便翻柜子、抽屉等。需要物品时，我们要请主人帮助。实在需要翻动物品时，要在主人在场或主人家中的第二个人在场时翻动。

离开亲友家时，无论何时都要郑重其事地告别，我们决不可以随便说一声"走了"就离开，以免让主人产生不舒服感。

（二）因事处理，注意尺度

亲友家中遇到事情时，我们及时伸出援助之手，力所能及地予以帮助是知礼的行为。当然，在事情的处理上，我们要注意把握尺度，不能越界，也不能漠不关心。

1. 优化行为，处理得体。所谓优化行为，是指在与亲友相处时，请对方帮助时要注意分寸感，要视对方的情况而定。如果亲友提供了帮助，我们要知恩图报，不能认为理所当然。如果亲友不能提供帮助，我们也要表示感谢。反之，亲友请求自己的帮助时，我们也要视自己的情况安排，如果自己不能提供帮助，我们要向对方解释清楚，以免造成误解。

2. 生病就医，及时问候。如果亲友患病，我们就要及时表达慰问。这种慰问，我们可以视关系的远近，采用不同的方式。如果关系较远，可以电话问候或微信问候；如果关系亲近，小病可以电话或微信问候，大病则一定要到医院或家中探访。在探访或问候时，我们要注意相关的礼仪。

首先，我们尽可能直接到病人的病榻旁边，将安慰和祝福带给对方。如果因工作或其他原因不能到场，我们可以请他人带去问候，或是水果、饮料和滋补品，或是一束鲜花、一张精美的贺卡来安慰病人。

其次，如果去家中或医院探望，我们要注意保持安静，走路要轻，不要大声谈笑。如果看到病床周围有瓶子、管子和固定架等医疗用品和器具时我们不要大惊小怪，更不要在看到痰盂便桶、血迹脓水之类物品时面露厌恶。发现病人消瘦憔悴、水肿黄疸之类的病态，不要愁眉苦脸。

最后，与病人交谈时，我们要注意态度。要谦和温柔、亲切热情，要与病人谈一些开心的事，不要总谈病人的病情，绝对不能对着病人流泪。离开时，记得问一声："有什么事情需要我帮忙的吗？"如果是自己能办到的事情，一定要努力去办；如果自己不能办到的，也要在事后当面解释或随后告之，不要在病人面前拒绝。

知识拓展

与家人、亲友的相处之道

1. 保持联系

保持联系是建立良好关系的基础。现代社会，随着科技的发展，我们有很多种不同的联系方式，例如电话、短信、社交媒体等等。但是，与亲友保持面对面的交流是最好的交往方式。与亲友面对面交流，可以更好地体会到对方的情感和态度。因此，我们尽量与亲友见面聊天、吃饭、旅游等都是不错的选择。

2. 尊重互相的兴趣和爱好

即使是亲密的家人和朋友，也会存在不同的兴趣爱好和生活方式。一些交流难题可以通过尊重彼此的兴趣和爱好来解决。如果你不感兴趣，那就不要去打扰他们；如果你有一些喜欢的事情，邀请他们一起分享这些爱好，会让大家感觉到你在尊重他们的同时，也想要更好地与他们交往。

3. 听取对方的想法和反馈

尊重对方的想法是交往的另一个重要方面。在与家人和朋友交往中，相互尊重是关系稳定的关键因素之一。在交往中，我们一定要尝试听取对方的意见和看法，这样可以让对方感受到被尊重和被理解。同时，如果对方提出反馈意见，那么我们认真倾听、适度地调整自己的言行会让关系变得更亲密。

4. 丰富自己的生活

丰富自己的生活，不仅可以让自己更加快乐，而且也有助于与家人和朋友的交往。参加一些社交活动，结交新的朋友，可以扩大自己的社交圈子，并且可以分享自己所见所闻的快乐。同时，我们也可以激发家人和朋友对你的兴趣，并且可以创造出更多的聊天话题。

主题7　与媒体人的交往礼仪

在信息网络化时代，舆论公开，意识多元，大众传媒异常发达，并且在现实生活中几乎无处不在、无孔不入，其中媒体人发挥着十分重要的作用。幼儿教师应学会礼貌地与媒体人打交道，有礼有节地去应对。每一位幼儿教师都代表着所在幼教机构的形象，其言行举止直接影响着媒体人、社会公众对所在幼教机构的评价。

一、与记者沟通礼仪规则

记者被称为舆论的喉舌，承担着引导社会舆论的重任，其采访后的报道会产生意想不到的结果。幼儿教师接受记者采访时的一言一行、一举一动，显示了个人的礼仪修养。

（一）提前沟通，做好准备

幼儿教师接受采访前要与记者做好沟通，确定适合双方且利于采访进行的方式，提前了解采访主题或提纲，以此为基础准备详细的素材，避免在采访过程中因遗忘内容、偏离主题而造成尴尬。

（二）仪表整洁，态度真诚

幼儿教师接受采访时，要注意保持整洁清爽的个人形象，穿着大方得体，最好穿着能够展现身份特征的衣服。受访过程中态度诚恳、表情亲和、举止自然，使用文明用语，礼貌互动，适当搭配肢体语言，体现良好的个人素质。

（三）讲究礼貌，把握分寸

接受采访时，记者既不是朋友，也不是敌人。因此幼儿教师在与记者沟通时，既不能像朋友一样说悄悄话，甚至无话不说、口无遮拦，也不要像对待敌人一样拒之门外，而是要将记者当作合作伙伴，当说则说，当讲则讲，把握分寸，讲究礼貌礼节。同时我们要注意讲普通话，吐字清晰、语速均匀，清楚表达个人观点。回答问题遵从简洁原则、逻辑严谨、突出重点，不说与采访主题无关的内容。

（四）实事求是，认真配合

幼儿教师接受记者采访时，要注意给予对方尊重，要以真诚打动对方，用事实说话，以理服人。采访结束后我们应对记者的采访工作表示肯定和感谢，并与记者保持沟通，协助审核稿件内容，合理提出意见建议。发稿前如有信息变更，我们应尽早联系记者进行修改。

二、网络沟通的礼仪规则

互联网时代的到来，让人类生活发生了巨大的变化，也为人类的生活带来了许多便利。依托网络，在线交流成为普遍的沟通方式。幼儿教师会参加一些网络课程、在线论坛与交流等，因此幼儿教师要学习和掌握网络沟通文明礼仪，规范自己的网上言行，坚守指尖上的文明。

（一）给予重视，珍惜时间

网络沟通，首先要注意沟通对象，要对交流对象高度重视。其次，网络沟通极易使人们忽视时间问题，幼儿教师要注意关注时间，珍惜他人时间，为此在沟通前做好充分的搜索和研究。沟通中，我们要以对方的感受为中心，切忌出现以自我为中心、过度消耗他人时间和资源的现象。

（二）文明用语，宽容待人

在网络沟通中，一言一语都会成为他人判断你的标准，因此幼儿教师在交流中要注意多使用文明用语，不要故意挑衅甚至使用脏话。当着他人面不适合说的话，在网络上也不要对沟通对象说。要宽容对待沟通对象，与人为善。发现对方作出错误的言行，要给予善意的提醒和建议，而不是恶意讽刺。

（三）沉着讨论，尊重隐私

沟通就意味着会出现意见或观点的分歧，就会出现讨论或争论。幼儿教师要认识到，网络讨论甚至争论都是正常现象，无论是讨论还是争论，都要就事论事、以理服人，不要进行人身攻击。要尊重他人的隐私，未经对方允许不得随意公开对方的网名、视频、邮件和聊天记录等。

（四）内容准确，实事求是

网络沟通过程中，消息的发送要确保内容准确、实事求是。发送消息前，我们要仔细检查语法和用词，以免因自己的过错导致他人看不懂或产生误会。发送的内容要实事求是，不能轻信谣言，更不能传播谣言，要清楚分辨。

知识拓展

危机公关时应注意的事项

幼儿教师在危机事件中与媒体沟通时，应注意以下几点：

第一，面对负面舆情时，幼教机构要加强舆情监测，迅速上报相关部门，得到指示后向媒体及时回应。要充分利用"黄金四小时"，坚持速报事实，慎报原因，不说谎话，积极处理，占据主动，以免舆情过分地发酵。

第二，幼儿教师和工作人员应严格注意自己的一言一行、一举一动，力求谨言慎行，不出差错。任何草率应付、不拘言行的处理方式都有可能引发新的不良舆情。

第三，对待媒体记者，幼儿教师首先要泰然自若、尊重他人、礼貌接待；其次要迅速请示，谨慎表态。

第四，应对媒体，相关幼儿教师必须遵守纪律、保密规则，不允许擅自向外界泄露幼儿园内部秘密，不允许信口开河、口无遮拦，杜绝个性化的理解和言辞。回答媒体记者提问时切勿打断对方，或以举止、表情、语气等对记者表示不满。尽管媒体记者的问题带有偏见或挑衅意味，亦不应为此而激怒。幼教机构亦可指定某一位领导或幼儿教师担任幼教机构的"新闻发言人"，由其出面应对媒体，统一回答对方感兴趣的问题。

第五，在正式接受媒体采访时，为了防止媒体曲解或误解幼教机构所传递的信息，可根据需要向媒体提供一份经过斟酌的、具有一定新闻价值的新闻稿，以供其发稿时借鉴使用。

专题六

幼儿教师的社交活动礼仪

　　在教育教学活动中或带领幼儿外出参加活动时，幼儿教师需要运用好各种社会活动的礼仪知识。幼儿教师只有具备了广泛的社会活动礼仪知识和修养，才能正确地解读教育教学内容中所涉及的各种社会活动现象中的礼仪知识，才能通过言传身教的方式教给孩子们正确的礼仪知识和行为规范，才能引领孩子们从小就正确地掌握与人交往的礼仪细节。此外，幼儿教师身体力行去遵循礼仪规则，有助于孩子们效仿教师、明理懂事，从而逐步培养孩子们形成良好的行为习惯和个人修养，使孩子们健康成长。

主题1　接待礼仪

　　接待家长或其他单位的工作人员，是幼儿教师日常工作的一部分。礼貌且大方的接待，会带给对方愉悦的交往体验，使其对幼儿教师及所代表的幼教机构评价良好。

一、一般接待礼仪

（一）礼貌问候

　　主动礼貌问候，确认访客的姓名、单位，以及来拜访的对象、拜访事宜和拜访目的。

（二）以礼相待

　　如果访客找的是本人，我们可直接引领访客到会议室或办公室就座，奉茶、矿泉水或咖啡等，并与之友好交谈。

　　如果访客找的是其他人，则迅速联系受访对象，告知访客的所在单位、姓名和来意。然后将访客引导至其办公室，将其介绍给受访对象后告退。

　　如拜访对象无时间接待，我们应尽量安排其他人接特；如果拜访对象暂时脱不开身，则请访客在指定地点等候，并按约定时间会见访客。

　　如拜访对象外出或无法接待，则应及时告诉访客受访者不在或没空接待并表示歉意。可以请访客说明来访的意图，代为转达，或请访客留下名片和资料，代为转交。然后，约定其他时间来访。最后，礼貌送客。

（三）礼貌送客

送客时应主动为客人开门，待客人走出后，再随后出来。在合适的地方与客人道别。送别时，我们要在客人消失在自己视线外后再转头转身，方显尊重有加。一般规则是：对家长、熟悉的常客，宜送至工作区或办公区外；对本地的访客，一般要送到幼儿园门口；对远道而来的客人，应该主动为客人提供交通的参考或方便，临别返程时，宜送到车站、机场、码头等出发之地。

二、奉茶倒水的礼仪

自古以来，中国人待客就有"坐，请坐，请上坐；茶，敬茶，敬香茶"的说法，由此可见，以茶敬客是一种绝对不可缺少的重要礼仪。

（一）沏茶的礼仪

一般接待，茶具多用干净、卫生的一次性杯子，用陶瓷制品则为上品。为客人沏茶之前，我们首先要清洗双手。

茶水不要沏得太浓或太淡，注意中国人"酒满茶半"的习惯，每一杯茶斟得七八成满就可以了。

（二）上茶的礼仪

1. 上茶按标准步骤。双手端着茶盘进入客厅，首先将茶盘放在临近客人的茶几或备用桌上，将茶沏好。然后，右手拿杯耳或扶杯，左手托杯或扶着杯壁。注意，不可将手靠近杯口。宜从客人的侧方位双手将杯递上去。讲究的茶饮是把茶杯放在茶托上，一同敬给客人。此时，宜右手拿着茶托，左手扶在茶托旁边。放置茶杯时，我们不要随意搁置，要放在客人右手附近最适当且杯耳朝外侧。同时微笑着说"请用茶"，并以手示意。然后，后撤两步，转身离开。

上茶时，一般由接待人员给客人上茶，或由主人向客人献茶。若饮用红茶，可准备好方糖，请客人自取。

2. 讲究上茶的礼宾顺序。上茶讲究顺序的标准：先宾后主，先尊后卑，先长辈后晚辈，先女后男。如果来宾甚多，且差别不大时，可采取下列四种顺序上茶：其一，以上茶者为起点，由近而远依次上茶；其二，以进入客厅之门为起点，按顺时针方向依次上茶；其三，在上茶时以客人的先来后到为先后顺序；其四，上茶时不讲顺序，或由饮用者自己取用。

（二）续水的礼仪

续水时，以不妨碍对方为佳。

接待中，我们应注意适当勤续水。主人在陪伴客人饮茶时，要注意客人杯中的茶水残留量。一般茶杯中泡的茶已喝去一半时，就要为客人续水了。

续水时，宜先用手势示意，或用语言示意，如"对不起"。杯盖可倒放在桌上或夹在指间。应拿着茶杯离开客人，掌握好水壶的倾斜度，壶口可距杯口1厘米左右。放回茶杯时，动作应轻而稳。若茶水溢出，应用茶巾及时处理。

如果用茶水和点心招待客人，我们应先上点心，点心应给每位客人上一小盘，或为几位客人准备一大盘。点心盘应用右手从客人的右侧送上。待其用毕，即从右侧撤下。

三、迎接重要访客或团队的礼仪

接待中，通常根据对方的身份地位、来访性质及其与当地主方的关系等因素，安排相应的迎送活动。

（一）确定迎送规格

迎送规格，一般应遵循对等或对应的原则，即主要的迎送人员应与来宾的身份相当或相应。若由于种种原因，主方的主要人员不能参加迎送活动，使双方的身份不能完全对等或对应，可以灵活变通——采取对口原则，由职务相宜的人员迎送，但应及时向对方做出解释，以免误解。

在一般情况下，主要迎送人员更多地在来宾下榻的宾馆（或饭店）迎接或送别，而另由职务相宜的人员负责在机场或车站、码头迎送。

（二）做好迎送准备

1. 了解来宾抵达的准确时间。接待人员应当准确了解来宾所乘交通工具的航班号、车次以及抵离时间，以便做好接站或送站准备。接、送站前，应保持与机场、车站或码头的联系，随时掌握来宾所乘航班或车次的变化情况。如有晚点，应及时做出相应安排。接、送站时，接待人员应留足途中时间，提前到达机场、车站或码头，以免因迟到而贻误客人的行程。

2. 安排好车辆和住所，并排定乘车号和住房号。根据来宾和接待人员的人数以及行李数量安排好车辆。乘车座位安排应适当宽松。正常情况下，附加座一般不安排坐人。如果来宾的行李数量较多，应安排专门的行李车。如果是车队行进，出发前应明确行车顺序并通知有关人员，以免行进中发生错位。为了避免在接站时发生混乱，来宾人数较多时，应事先排定乘车号和住房号，并打印成表格。在来宾抵达时，将乘车表发至每一位来宾手中，使之明确自己所乘的车号。同时，也便于接待人员清点每辆车上的人数。住房表可随乘车号一同发放，也可以在前往下榻宾馆的途中发放。住房表可以使来宾清楚自己所住的房间，也便于来宾入住客房后相互联系。

（三）安排好迎送环节

1. 主宾双方见面时，应互相介绍。按通常礼仪，应先把主人介绍给来宾，然后再把来宾介绍给主人，介绍顺序以职务的高低为先后，介绍人可由双方职务最高者或相应的接待人员担任。如果主宾双方职务最高者本已认识，则最好由他们依次介绍各自的人员，也可以由双方的相应人员介绍。如果人数不多，也可以用互换名片的形式。

2. 细心提取、托运行李。如果来宾的行李较多，应安排专门的工作人员负责清点、运送行李，并协助来宾办理行李的提取或托运手续。

3. 注意与宾馆（饭店）的协调。当重要来宾抵离时，接待人员应及时通知宾馆（饭店）方，以方便宾馆（饭店）组织迎送、安排客房、就餐和接送行李等。来宾入住客房以便捷、迅速为原则，接待重要来宾、人数较多的团队时更是如此。为了避免来宾抵达后聚集于大厅长时间地等待，接待人员应与宾馆（饭店）主动联系、密切配合，进行细致的安排。通常住房安排表在抵达入住地前发给每位来宾，使每人清楚自己入住房间的房号。在宾馆（饭店）迎宾处设接待处，由接待人员协助快速办理来宾入住登记或离店手续。主宾入住客房时，应有专人陪同引导。

4. 为来宾留意休息时间。提前将行程安排通知来宾，以方便其自由活动安排与休息。

（四）送别的礼仪常规

送别，通常是指在来宾离去之际，出于礼貌而陪着对方一同行走一段路程，或者特意前往来宾启程返回之处与之告别，并目送对方离去。最为常见的送别形式有道别、话别、饯别、送行等。

1．道别。道别指的是与交往对象分手。按照常规，道别应当由来宾率先提出来。假如主人先与来宾道别，难免会给人以厌客、逐客的感觉。在道别时，来宾往往会说"就此告辞""后会有期"。而此刻主人一般会讲"一路顺风""旅途平安"。有时，宾主双方还会向对方互道"再见"，叮嘱对方"多多保重"，或者委托对方代问其同事、家人安好。在道别时，特别应当注意下列四个环节：一是应当加以挽留；二是应当起身在后；三是应当伸手在后；四是应当相送一程。

2．话别。话别，亦称临行话别。与来宾话别的时间，一要讲究主随客便，二要注意预先相告。最佳的话别地点是来宾的临时下榻之处，或在接待方的会客室、贵宾室里，亦可在为来宾饯行而专门举行的宴会上。参加话别的主要人员，应为宾主双方身份、职位大致相似者、对口部门的接待人员等。话别的主要内容有：一是表达惜别之意；二是听取来宾的意见或建议；三是了解来宾有无需要帮忙代劳之事；四是向来宾赠送纪念性礼品。

3．饯行。饯行，又称饯别。它指的是在来宾离别之前，东道主一方专门为对方举行一次宴会，以便郑重其事地为对方送别。在来宾离别之前，专门为对方举行一次饯别宴会，不仅在形式上显得热烈而隆重，而且往往会使对方产生备受重视之感，进而加深宾主之间的相互了解。

4．送行。送行在此特指东道主在异地来访的重要客人离开本地之时，特地委派专人前往来宾启程返回之处与客人亲切告别，并目送对方渐渐离去。

知识拓展

接待时的注意事项

1. 遵守常用规则

（1）接待多方客人时，要遵守平衡的原则，平等地对待多方客人，不可区别对待，厚此薄彼。

（2）注意依照惯例，遵守约定俗成的接待习惯。

（3）讲究接待规格对等的原则，切勿慢待客人。

2. 注意细节，讲究接待技巧

（1）尊重为本，应先了解客人。尽量了解客人的特点、兴趣、爱好等，并尽量予以照顾。

（2）注意主方陪同人员的选择。陪同人员除了具备接待能力外，还应考虑其与客人的地缘、学缘、爱好缘、亲缘、师生缘等因素，让客人愉快地度过每一天。

（3）安排接待场所时，应注意六要素——位置、温度、湿度、光线、摆设、颜色等，尽量为客人提供舒适而温馨的接待场所。

主题2　拜访礼仪

　　拜访是社交活动的重要组成部分。拜访亲友，可以增进友谊和情感、扩大交流、开阔视野；拜访幼儿的家庭，可以了解幼儿的生长环境，加强与家长的联络，沟通感情。此外，拜访作为公关活动的重要环节，是加强彼此联系和了解的一种公关手段。幼儿教师还要正确引导幼儿，去往他人住所时应遵守做客的基本礼仪。

一、拜访时的礼仪

在拜访过程中，幼儿教师应该注意以下礼节。

（一）选择好拜访的时间，提前约定

拜访应以不妨碍对方为原则，因此我们需要事先打电话说明拜访的目的，并约定拜访的时间和地点。我们要注意避开一些特殊时段，不要在对方刚上班、快下班、异常繁忙、正在开重要会议时去拜访；也不要在他人休息或用餐的时间去拜访。如打算在节假日期间拜访，我们应预先征求对方的意见。

（二）如果是公务性拜访，应该提前做好准备工作

1. 阅读拜访对象的个人和机构资料，准备拜访时可能用到的资料。

2. 规范个人穿着与仪容，依礼拜访。

3. 检查各项携带物品是否齐备，如名片、笔和记录本等。

4. 明确谈话主题、思路和话语。

（三）守时践约

一旦约定好拜访的时间，我们一定要准时前往，不可失约、不要迟到，以免对方着急；也不要早到，以免让对方措手不及，或者打乱了对方原有的安排，引起对方的不快。确实因特殊情况而不能如约前往时，我们要及时向对方说明并另行约定时间，事后真诚地向对方表达歉意。

（四）拜访时注意礼仪修饰

一般性的拜访可以不用刻意修饰。如果是比较重要的拜访，我们应整理头发、刮净胡须、服装整洁、鞋子干净，显示出对对方的尊重和对会面的重视。衣冠不整、随意拖沓地去拜访他人，是极为无礼的表现。

（五）控制好拜访时间

拜访幼儿的家庭或不太熟的朋友，或者进行公务性拜访，拜访时间不宜过长。一般正式的社交访问，时间控制在半小时到1小时，晚上拜访的时间更要控制，以免影响主人及其家人休息。如果对方要求，我们可以适当延长，但不可拖得太久。宁愿在对方兴趣最浓的时候告辞，也不要拖到双方无话可说时才不欢而散，这样才能保证再次交往的可能性。

（六）拜访异性朋友，要避免误会与尴尬

幼儿教师拜访异性朋友时应尽量避免单独前往，以免产生误会。拜访时间最好选择在白天或假日，且要控制逗留时间。见了对方的家人，态度要自然大方，主动热情地问候或道别。

二、注意入室礼仪

（一）进门有礼

到达拜访对象的住所或接待地时要再次整理仪容装饰，看看鞋上

是否有泥土等，然后用手指关节轻轻叩门通告。

无论到他人家中还是办公场所拜访，我们首先得轻按门铃或轻轻敲门。在对方询问时，礼貌地通报自己的身份，获得准许后方可进入。

（二）举止得体

进门后，随手将门带上。如果带着雨具，应放在门口或主人指定的地方，应避免把水滴在房间里。需要换鞋时，应将鞋脱在门外或门内鞋架上，换穿拖鞋后进屋；若无须换鞋，则应先在门外的擦鞋毡上将鞋上的泥擦干净后再进屋。入室后，应先与主人打招呼、握手，再向其他客人点头致意。应客随主便，尊重主人的安排。随主人在指定的座位坐下，坐姿要端正。主人端茶送果食，应欠身致谢，并双手捧接。此外，上门做客时最好不要抽烟。

（三）言谈有度

交谈时要做到心中有数，适当地寒暄后应尽快切入主题。注意要尊重主人，双向交流，留意对方的反应。

（四）适时告辞

幼儿教师拜访交谈时要注意掌握时间，要知道客走主安的道理，所以拜访时间不宜过长。如果主人面露难色、欲言又止，说明主人已无心留客，这时就应主动提出告辞，不要等到主人下逐客令，让主人为难，即便主人有意挽留，也不要犹豫不决。若遇主人的其他朋友来访，我们应主动与主人一起迎接，热情问候后尽快离开，以免妨碍主人接待他人。

告辞前要向主人道别，如果带有礼物，可以在进门时交给主人，也可在告辞时请主人收下。出门时，应与主人握手告辞，并说"请留步"。出门后，还应转身行礼再次道别。

回到家最好给主人打个电话，或者发一条短信或微信，既让主人放心，又表达感谢之意。

知识拓展

入户做客的注意事项

（1）入门有礼，注意主人家的入户习惯，换鞋或穿鞋套。不可随意、大意，长驱直入。

（2）出门在外，注意站有站相、坐有坐相、吃有吃相。

（3）见到长辈及其他人，要微笑打招呼，称呼要有礼貌。不可一言不发或者视而不见。

（4）应邀入座，礼貌谦让。不可随便坐到主人位，或坐在别人家的床上。

（5）跟随主人行动，在主人的引导下观赏。不可随便进入没有人的房间，窥探别人的隐私。没有经过允许，不可随便动主人家里的东西。如果想在主人家拍照，一定要经过主人的允许。

（6）主人敬茶水、递水果、拿来甜点时，一定要道谢，并用双手去接。不可不表达谢意，拿起就用，也不宜不领主人的心意，不吃不喝。

（7）应邀在主人家吃饭时，主人先动筷，客人才能动筷，主人让菜后再夹菜。不可擅自动筷、挑三拣四或浪费食物。

（8）礼貌告辞，离开时要主动告别，感谢对方的招待，不可耽误主人过多的时间或不表达谢意。

主题3　参观礼仪

导语

　　参观是一种学习和交流的机会，通过参观我们可以增长见识、拓宽眼界。遵守参观礼仪则是我们在参观过程中应该注意的基本要求，参观礼仪也是幼儿教师应该掌握的基本礼仪规范。带领幼儿进行参观或观演活动，除了事前要对孩子们进行相关的礼仪教育外，幼儿教师在整个活动过程中还必须身体力行，给孩子们做示范、带好头。

一、旅游参观礼仪

1. 自觉遵守规定。认真阅读参观须知，自觉遵守参观地的规章制度。

2. 爱护环境，讲究卫生。不要随地吐痰，不要乱扔果皮、纸屑、杂物等，不污染环境。

3. 爱护名胜古迹。禁止在柱、墙、碑等建筑物或树木上乱写、乱画、乱刻。对文物古迹要自觉保护，对公共建筑、设施以及花草树木等要自觉爱护。

4. 文明参观。在室内参观，不要大声喧哗，以免影响其他人。对讲解员、服务员要以礼相待，对他们所提供的服务要表示衷心的感谢。

5. 不随意违规翻越、攀爬，不要争抢场地。如需别人避让，应有礼貌地发出请求。

6. 礼让他人。遇狭窄地段或过桥、穿洞时，要相互谦让。遇行动不太方便的人，要主动让行、提供帮助。

7. 不随意拍照。拍照时注意相关提示，应在设置的保护区域以外，不故意遮挡别人的镜头。

8. 就餐时要文明用餐、节约粮食，保持就餐环境的清洁卫生。

9. 要爱护参观地点的动物，不要随意给动物喂食。

二、参观展览的礼仪

博物馆、展览馆和美术馆等是高雅的场所，因而幼儿教师在参观时更要讲究礼仪。

1. 对于博物馆、展览馆或美术馆的特殊规定，参观者一定要自觉了解和遵守。

2. 遵守参观场所的参观秩序。要排队按秩序参观，保持安静，不可大声喧哗。

3. 注意个人的仪容仪表。衣着应整洁大方，仪容应修饰得体。参观时，不能随意吃喝、随意丢弃垃圾。爱护展区环境，避免造成污损。

4. 对讲解员的解说要认真、耐心地倾听。遇到不懂的问题或感兴趣的内容，可以在讲解员解说完毕后向人请教，而对展品本身不要妄加评论。如果你很欣赏某件展品，在不妨碍他人的情况下可以多欣赏一会儿。如果别人停驻欣赏某件展品，而你不得不从他面前穿过时，要轻声地对其说一声"对不起"。

5. 参观时要爱护展品，不能用手触摸，特别注意不要碰坏展品和其他设施。

三、观演礼仪

前往剧院观看电影、戏剧或其他演出时，幼儿教师必须遵守以下五条基本的礼仪。

（一）预先购票

无票入场、混入剧院，或者制作、购买假票，都是不允许的。

（二）提前入场

许多剧院都有规定：开演之后，禁止观众入场，至中场休息时，迟到者方可入内。为了不影响自己和别人观看演出，观众最好在演出正式开始前几分钟进场。

（三）对号入座

绝大多数演出都要求观众对号入座，每位观众都应自觉地遵守此项规定。

（四）保持安静

不论是观看电影、戏剧，还是欣赏歌曲、演出，在其进行过程中，观众都要自觉地保持安静。不允许自言自语或者与身边的人交头接耳，不允许使用手机与外界进行语音联络。享用食物、饮料时，不允许发出声音。

（五）遵守规定

前往正规的剧院观看演出，通常有一些比较特殊的规定必须遵守。它们主要包括下列内容。

1. 穿着正装。观赏歌舞剧、音乐会时，往往要求观众衣着正规，有时还会要求观众着礼服。

2. 禁止拍摄。出于版权等方面的考虑，一般的商业性演出，不允许观众拍照、录像或录音。

3. 禁止吸烟。为维护观众健康，净化现场环境，几乎所有的剧院都禁止在场内吸烟。需要吸烟时，应到允许吸烟的休息区或走出场外。

4. 限制走动。如果没有特殊的原因，观众在演出进行期间不要随意自由走动，以免影响他人。

5. 保持克制。不论演出的实际水准如何，观众都应保持克制。只有没有教养的人，才会随便起哄、闹事。

6. 最后退场。观看现场演出时，宜在演员谢幕后退场。陪同他人观看演出时，则不应独自退场或先行退场。

知识拓展

外出参观时应注意的事项

1. 提前了解参观地点

在出发前，幼儿教师应提前了解参观地点的相关信息，包括参观时间、参观路线、参观须知等。这样可以更好地规划行程，避免因为不了解而造成尴尬或违反规定。

2. 注意自身的安全

在外出参观时，幼儿教师需要注意人身安全和财产安全。首先，我们需要保管好自己的财物，如钱包、手机等，避免被盗。

3. 注意环境保护

在参观时，幼儿教师需要保护环境，不可以乱扔垃圾或者破坏自然环境。在景区或者公园参观时，需要遵守当地的环保规定，不可以采摘花草或者破坏植被。

4. 感谢和道别

参观结束时，我们应该向导游、讲解员或相关工作人员表示感谢，并礼貌地道别。这样不仅是对他们辛勤工作的认可，也是展示幼儿教师的教养和礼仪。

主题4　庆典礼仪

导语

　　庆典是各种庆祝仪式的统称。通常是社会组织为了扩大知名度和提高美誉度，获得更大的经济效益和社会效益，围绕着重要节日或重大事件等举行的庆祝活动。幼儿教师可能承担为幼教机构组织一次庆祝仪式的任务或参与仪式工作，也可能应邀出席外单位的庆祝仪式。庆典活动礼仪是现代交际的一项重要内容，也是成功组织庆典活动的关键。因此，幼儿教师了解并掌握庆典活动礼仪非常必要。

一、参加庆典活动的礼仪规范

　　参加庆典活动时，不论是主办单位的人员还是外单位的人员，均应注意自己临场之际的举止表现。作为主办单位的人员，无论是领导还是一般的工作人员，在他人眼中都代表着组织的形象。而外单位的人员在参加庆典活动时，应以自己上佳的临场表现，来表达对主办方的敬意和对庆典本身的重视，展示自我形象和所代表的团队形象。因此，无论任何一方的参与者，在整个庆典仪式过程中都应注意以下细节。

　　1. 仪容要整洁，服饰要规范。有统一式样制服的幼教机构，应要求以制服作为庆典着装。无制服的幼教机构，或个别应邀出席庆典活动的幼儿教师必须穿着礼仪性服装。

2.要遵守时间，行为要自律。提前到场，不得姗姗来迟，不得无故缺席或中途退场。在整个活动过程中要积极参与，不要交头接耳或表现出与己无关的模样，言谈举止要自我控制。

3.在庆典过程中要表情庄重、全神贯注。假若庆典之中安排了升国旗、奏国歌、唱幼儿园园歌的程序，一定要依礼行事：起立，脱帽，立正，面向国旗或主席台行注目礼，并且认认真真、表情严肃地和大家一起唱国歌、唱幼儿园园歌等。

4.做好介绍和自我介绍工作。当主持人介绍领导和嘉宾时，全体成员都应注目示敬。忌东瞅西看，毫不在意。活动中，若周边有不相识的与会者，有机会可礼貌地进行自我介绍。若为他人进行介绍，必须了解被介绍者的姓名和基本情况，在双方有意愿时进行介绍。当被介绍时要有所表示，或起立致敬。或欠身微笑，或含笑点头，忌表情板滞、不加理睬，忌言笑不停、对介绍置若罔闻。

5.作为主办者和应邀发言的嘉宾，发言应精练而生动。上下场要沉着冷静，并讲究礼貌。发言切忌夸夸其谈，时间过长。在发言开始，应使用尊称，在提及感谢对象时，应目视对方；在表达感谢时，应郑重地躬身施礼；对于大家的鼓掌，应以自己的掌声来回礼；在讲话末了，应当礼貌地致谢，如"谢谢大家"；发言时还应当少做手势——含义不明的手势。而作为听众则应神情专注，忌精力分散、频频看表。

6.来宾还应注意签名问题。庆典中的签名有两种情况：一种是报到时，在报到簿或纪念册上签名；另一种是在活动期间应邀签名。签名一定要字迹工整，忌抢先在最佳位置挥动笔墨写大字，也忌漫不经心。

二、庆典活动的重要性

第一，成功的庆典活动有利于提高幼教机构的知名度和美誉度，塑造幼教机构的良好形象。

仪式既是礼仪形式，又是公关活动。公关的主要职能就是千方百计地用多种形式为本机构树立良好的形象。仪式经常发挥着难以替代的重要功能。它可以树立幼教机构的良好形象，有助于提高幼教机构的知名度与美誉度。诸如毕业典礼、开班仪式、节日庆典、颁奖仪式等，都具有树立幼教机构形象、推动幼教机构发展的作用。

第二，成功的庆典活动有利于激发幼儿教师、幼儿及家长对幼教机构的热爱，培育幼儿教师的价值观念，增强幼教机构的凝聚力。

各类仪式活动都是幼教机构取得了一定的成绩时所举行的隆重活动。利用这种形式，有助于提高全体幼儿教师、幼儿及家长的自信心、自豪感、归属感和集体荣誉感，增强幼教机构的凝聚力，激发全体幼儿教师、幼儿及家长对幼教机构的热爱，同时也加大了宣传力度，促进了幼教机构的发展。

第三，成功的庆典活动有利于传递幼教机构的信息，使幼教机构赢得更多的成功机会和合作伙伴。

各种仪式活动都是根据某一主题内容进行的，在仪式举办过程中往往要邀请各方来宾，如政府机关领导、家长代表、合作单位代表、各种媒体的记者等。通过仪式的举办，可以表达出幼教机构对待自己的交往对象的诚意，可以表达合作的积极态度。也可以借此机会引起社会各界对该幼教机构的重视，并且加深社会公众对该幼教机构的了解，取得更好的社会效益和经济效益的目的。

第四，成功的庆典活动有利于沟通情感，传达意愿，增进友情。

庆典活动为幼教机构与各界的交往提供了一个良好的机会。借助庆典活动，可以广交朋友，化解矛盾，为今后发展打下基础。在庆典活动中，各方来宾、家长们受到一定的礼遇和尊敬，再加上欢庆气氛中的开怀畅谈，能增加幼教机构与各界人士的友谊。

无论是节日庆典、周年庆典，还是荣获某项荣誉的庆典、取得重大业绩的庆典、取得显著发展的庆典等，在典礼举行之时，都必须认真恪守"热烈、隆重和适度"三项礼仪原则。

庆典活动具有涉及面广，仪式时间短，工作复杂而紧凑，注重形式，影响迅速、范围广的特点，因此，作为庆典活动的组织方应该做好整体的筹划和设计，力争体现出庆典所具有的热烈、欢快、隆重的特色。

三、庆典活动的准备工作

（一）确定出席者名单

确定庆典的出席者名单时，始终应当以庆典的宗旨为指导思想。一般来说，庆典的出席者通常包括如下人士：上级领导、知名人士、大众传媒、家长代表以及幼儿教师。

1. 当地主要领导，上级主管部门领导，地方职能管理部门的领导，大都对幼教机构的发展给予过关心、指导。邀请他们参加主要是为了表达感激之情。

2. 若能邀请社会名流、某方面的专家、影视娱乐界名人等知名人士参加，整个庆典活动将增色不少。根据公共关系学中的"名人效应"原理，社会各界的名人对于公众最有吸引力，能够请他们到场将有助于提高本单位的知名度。

3. 能够参加庆典活动的公众毕竟是有限的。为了扩大庆典活动的社会传播面和影响面，就需要借助大众传媒的力量。邀请他们，并主动与他们合作，将有助于他们公正地介绍幼教机构的成就，进而有助于加深社会对该幼教机构的了解和认同。

3.家长与幼教机构是紧密合作的伙伴。请家长来一起分享成功的喜悦是完全应该的，而且是绝对必要的。家长对幼教机构的好口碑，更是幼教机构发展的有力支撑。

4.幼儿教师是幼教机构的主人，幼教机构的每一项成就的取得都离不开他们兢兢业业的付出。成功的庆典活动能增加员工的自信心和工作热情。

（二）提前发出邀请和通知

具体邀请名单一经确定，就应尽早发出邀请或通知。重要宾客的请柬应于1周前送达其手中。请柬中写明活动事由、方式、时间、地点。若邀请嘉宾讲话，应预先商议、确定。

活动前3天可通过电话核实，看有无变动。邀请贵宾时，在活动前1天要再核实一次。

庆典涉及的人员甚多，准备工作要求时间性强，如果随意更改日期会影响到参加庆典的人员的工作安排，也会打乱幼教机构正常的工作秩序。所以，不到万不得已时，均不能将庆典取消、改期或延期。

（三）充分准备庆典活动现场

庆典活动多在现场举行，其场地可以是正门之外的广场，也可以是正门之内的大厅。按惯例，为显示隆重与敬客，可在来宾尤其是贵宾站立之处铺设红色地毯，并在场地四周悬挂横幅、标语、气球、彩带、宫灯等。

对于音响、照明设备，以及仪式举行之时所需使用的用具、设备，必须事先请专业人士认真进行检查、调试，以防其在使用时出现差错。

来宾的签到簿、幼教机构的宣传材料、待客的饮料、座位的设置等，亦需提前备好。

四、庆典活动的程序

一次庆典举行得成功与否，与其具体的程序不无关系。

（一）拟定庆典程序的原则

仪式礼仪规定，拟定庆典的程序时，有两条原则必须坚持。

1. 时间宜短不宜长。一般应以1个小时为限。这既是为了确保庆典活动的效果，也是为了尊重全体出席者，尤其是为了尊重来宾。

2. 程序宜少不宜多。程序过多，不仅会加长时间，而且会分散出席者的注意力，并给人以庆典内容过于凌乱之感。

（二）庆典活动的主要程序

依照常规，一次庆典大致上应包括以下程序。

第一项，宣布庆典正式开始，全体起立，奏国歌，唱幼儿园园歌。

第二项，幼教机构主要负责人致辞。其内容是对来宾表示感谢，介绍此次庆典的缘由等，其重点应是报捷以及庆典的可"庆"之处。

第三项，邀请嘉宾讲话。一般而言，出席此次庆典活动的包括：上级主要领导、协作单位及社区关系单位，均应有代表讲话或致贺词。对外来的贺电、贺信等，可不必一一宣读，但对其署名单位或个人应当公布。在进行公布时，可依照先来后到的顺序，或按照其具体名称的汉字笔画的多少进行排列。

第四项，安排汇报演出。如果准备安排这项程序，应当慎选内容，注意不要有悖于庆典的主旨。

第五项，邀请来宾进行参观、观摩、研讨或参与活动等。

在以上几项程序中，前三项必不可少，后两项可以酌情安排。

五、来宾的接待工作

庆典活动一般都较为盛大，工作任务繁重，需要各部门有关人员密切配合，共同完成。因此，最好的办法是成立筹备组。应根据具体的需要，下设若干专项小组，在公关、礼宾、财务、会务等方面专项负责。其中，负责礼宾工作的接待小组大都不可缺少。要想做到有条不紊、忙而不乱，就要确定庆典活动的程序，并按照典礼规格确定司仪人员，按照有关活动内容将具体任务落实到人。

庆典的接待小组，原则上应由年轻、精干、身材与形象较好、口头表达能力和应变能力较强的青年教师组成。

进行具体的接待工作时应注意以下几个问题。

（一）迎宾

迎宾是接待工作的第一环节。负责迎宾的幼儿教师一般站在幼教机构门口两侧，身着幼教机构的制服或统一着装，披戴绶带、化淡妆、头发应盘起或扎起，站姿应优美而典雅，面带微笑，给人以亭亭玉立的感觉。宾客到来时，应面带微笑地施以45度鞠躬礼，并亲切地问候："您好！欢迎光临。"为了渲染气氛，这时应放些迎宾乐曲。

（二）引导

负责接待的教师在确认宾客的身份后，应热情地以手势引导："您好，这边请。"如果有职务的，尽量称呼其职务。幼教机构应派一位领导参与接待宾客的工作，对宾客表示欢迎，重要的宾客要亲自接待或引见。

（三）签到

负责迎宾的幼儿教师将每位来宾引领到签字台。签字台应备有签字笔、毛笔、砚台、精致的签到本和纸，以便宾客题词留念。请来宾签字应讲究礼貌，对来宾的合作表示感谢。随后，将准备好的胸花插在来宾的西服胸袋或西服领上的插花眼上。庆典活动尚未开始时，应请来宾到休息室或现场就座。

（四）接待过程中的次序礼仪

越是重要的庆典场合，越要遵从次序礼仪。次序，虽然形式上只是一个先后问题，但在内容上既关系到接待者的礼仪素质，又关系到能否准确地给予宾客适当的礼遇。因此，庆典上的次序千万不可忽视。

1. 招呼客人的次序礼仪：一般情况下，谁先到先接待谁。如果有两位以上的宾客同时到达，应先招呼职务高的那位；如果两位的职务一样，可以同时招呼——"欢迎两位领导光临"；也可以先后招呼，而后对后打招呼的先让座、先敬茶，以平衡二者的心理。

2. 座次礼仪。庆典的会场布置一般有两种情况：一是只为重要来宾安排席位，其余来宾及与会者站着参加；二是全部与会者站立参加。庆典活动中的座次安排应体现来宾的身份、地位、年龄的差别，明确按照地位高低、职务上下、关系亲疏等来排列。通常遵循国际惯例：前排高于后排，中间高于两侧，右侧高于左侧。

3. 介绍来宾的次序礼仪。庆典上通常只介绍主要领导和重要嘉宾。介绍时应分别按地位高低依次介绍。宣读贺电、贺信时，先宣读上级领导及主要来宾的贺信、贺电，其他单位可不排先后顺序。

4. 行进中的次序礼仪：前排高于后排，中间高于两侧，右侧高于左侧。迎宾时，作为引领人员应走在来宾的左前方2～3步处；送客时，应走在宾客的后面。陪同领导参观时，幼教机构领导应走在来宾最高领导的左边。随行人员走在后面、侧面。

5. 主席台上倒茶水的次序礼仪：先尊后卑。应先从第一排中间的最高领导者开始，然后依次往两边同时倒茶，再为下排的来宾倒茶。

知识拓展

庆典应注意的事项

1. 明确目的

在举办庆典活动时，首先要明确举办活动的目的，确定庆典的宗旨和活动的类型，从而确定具体的活动内容。

2. 合理安排

活动安排要认真规划，要合理安排时间，依据有效的控制计划来保证活动的顺利进行。

3. 布局布置

活动空间要注意选择布局设计，根据不同的活动形式、人数多少和活动时间找出最合适的空间布局方式，确保活动空间展示出应有的效果。

4. 活动台演

活动台演要准备好节目单、台词稿，要张罗参展嘉宾、评委及评选程序，并视活动具体安排运用技术器材。

5. 筹备物资

备足物资，例如表格、文件、礼品，翻译员、技术教员，以及参加活动人员的全部装备等。

6. 卫生管理

卫生洁净是重要的要素，要注意环境卫生。例如参展人员的衣着仪表，时刻营造洁净的环境。

主题5　宴请礼仪

导语

　　宴请是人际交往中最常见的一种交际活动，它早已成为人们联络感情、增进友谊、广交朋友、扩大视野和交际圈子、帮助消除误解或摩擦等的优选方案。

　　在宴请中，幼儿教师的言谈举止无不透露出个人的学识、修养和品位，更关系着此次人际交往活动是否能够取得成功。幼儿教师应掌握宴请中的相关礼仪，方能在设宴招待或受邀入席时大方交际、以礼相待，为人际交往活动的成功助力添彩。

一、赴宴前的准备

（一）应邀礼仪

接到宴会邀请，能否出席要尽早答复对方，以便主人提早安排。

在接受邀请之后不要随意改动。若遇到不得已的特殊情况不能出席，尤其是主宾，应尽早向主人解释、道歉，甚至亲自登门表示歉意。

应邀出席一项活动之前，要核实宴请的主人，活动举办的时间和地点，是否邀请了配偶，以及主人对服装的要求。活动多时尤应注意，以免走错地方或主人未请配偶却与配偶一同出席。

（二）出席修饰礼仪

参加正式宴会时穿着应得体、整洁。男士要穿整洁的上衣和皮鞋；女士要穿套装和有跟的鞋子。如果请柬上要求穿正式服装，那么男士必须打领带。而任何高档的休闲服，在此刻都是失礼的。

（三）备礼礼仪

1. 按照宴请的性质、当地的习惯及主客双方的关系准备赠送的花篮或花束。

2. 参加家庭宴会，可给女主人准备一束鲜花。

3. 赠花时，要注意对方的禁忌。

4. 有时可准备一定的礼品，在宴会开始前送给主人。

5. 礼品价值不一定很高，但要有意义。

二、参加宴会时的礼仪规范

（一）按时出席宴会

出席宴请活动，抵达时间的迟早，逗留时间的长短在一定程度上反映了对主人的尊重程度，应根据活动的性质和当地的习惯自行把握。迟到、早退、逗留时间过短会被视为失礼或有意冷落。出席宴会宜正点或晚到几分钟，或按主人的要求到达。出席酒会，可在请柬上注明的时间内到达。身份高者可略晚到达，一般客人宜略早到达。确实有事需提前退席，应向主人说明后悄悄离去，也可事前打招呼届时离席。

（二）见面有礼

抵达宴请地点后，先到衣帽间脱下大衣和帽子，然后前往主人迎宾处主动向主人问好。如是节庆活动，应表示祝贺。

参加庆祝活动，可以按当地习惯以及双边关系赠送花束或花篮。参加家庭宴会，可酌情给女主人赠少量鲜花。

（三）礼貌入座

正式宴会上为避免混乱一般会排席位，也可只排部分客人的席位，其他人只排桌次或自由入座。无论采用哪种做法，都要在入席前通知到每一个出席者，使大家心中有数，现场还要有人引导。

宴席席位安排主要考虑以下几个因素。

1. 以主人的席位为中心。

2. 把主宾和主宾夫人安排在最尊贵、最显眼的位置。

3. 主方的陪客应该安插在客人中间。

4. 夫妇一般不相邻而坐。

5. 翻译人员一般安排在主宾右侧，方便翻译。

6. 多边活动中不应该把关系紧张的双方安排在一起。

应邀出席宴请活动，应听从主人安排。如是正式宴会，进入宴会厅之前要先了解自己的桌次和座位，入座时注意看清桌上的座位卡，不要随意乱坐。应等长者、尊者坐定后，方可入座。如邻座是年长者或女士，应主动协助他们先坐下。就座时，由椅子的左侧入座。出席西式宴会，当拉开椅子后，身体在几乎要碰到桌子的距离站直。领位者会把椅子推进来，腿弯碰到后面的椅子时，就可以坐下来。

就座后，坐姿应端正，与餐桌的距离要合宜但不僵硬，上身轻靠椅背。不要用手托腮或把双臂肘放在桌上。不可跷足，不要头枕椅背打哈欠、伸懒腰、揉眼睛、搔头发等。不要随意摆弄餐具和餐巾，更不要弄出什么响声，也不要起身走动。如果有什么事要向主人打招呼，要避免一些不合礼仪的举止体态，如随意脱下上衣、摘掉领带、卷起衣袖。

（四）文明进餐

致祝酒词完毕，随主人招呼后即可开始进餐。

1. 应以愉悦的表情就餐，心事重重或漫不经心是对主人和其他宾客的不礼貌。即使菜不合口味，也应吃上一些，皱眉拒绝是对主人的不尊重。

2．用餐时要讲究文明，席间不要吸烟。同时，喝酒要有节制，不要失态。

3．席间不可随便宽衣。当众解开纽扣、脱下衣服是失礼的。

4．用餐过程中，一般不可随便离席。如果咳嗽、吐痰或有刺卡住，或需要将口中食物吐出来等，这时应暂时离席，否则是不礼貌的。

5．离席时动作要轻，不要惊扰他人，更不要把座椅、餐具等物碰倒。

（五）告辞致谢

1．主人宣布宴会结束后，客人才能离席。

2．客人应起立向主人道谢、告辞，感谢主人的热情款待，如"谢谢您的款待""您真是太好客了""菜肴丰盛极了"，并要向其他认识的客人道别。

3．有时在出席私人宴请活动之后，往往致以便函或名片表示感谢，也可通过电话、短信、微信或电子邮件等表示感谢。

知识拓展

中途离席的技巧

一般酒会和茶会的时间很长，都会在两小时以上。常见一场宴会进行得正热烈的时候，因为有人想离开而引起众人一哄而散的结果，使主办人急得直跳脚。

欲避免这种煞风景的后果，当你要中途离开时，千万别和谈话圈里的每一个人一一告别，只要悄悄地和身边的两三个人打个招呼，然后离去便可。

中途离开酒会现场，一定要向邀请你来的主人说明、致歉，不可一溜烟便不见了。和主人打过招呼，应该马上就走，不要拉着主人在门口聊个没完。有些人参加酒会、茶会，当中途准备离去时，会一一问他所认识的每一个人要不要一块儿走。结果，本来热热闹闹的场面被他这么一鼓动，只好提前散场了。因此，这种闹场的事最难被宴会主人谅解，一个有风度的人千万不要犯这种错误。

主题6　馈赠礼仪

导语

　　馈赠是社交活动中的重要手段之一，是人们在社交过程中通过赠送给交往对象一些礼物来表达对对方的尊重、敬意、友谊、纪念、祝贺、感谢、慰问、哀悼等情感与意愿的一种交际行为。得体的馈赠，可以为交际活动锦上添花，给人们之间的感情和友谊注入新的活力。因此，幼儿教师要认真研究和把握馈赠的相关礼仪，使馈赠活动得以顺利进行，并收到预期的效果。

一、送礼的礼仪规范

　　送礼是馈赠行为之一，它可以为建立良好的人际关系创造许多便利。在人际交往的送礼环节，要注意以下礼仪。

（一）礼品的选择

　　送礼，首先要挑选和准备礼品。礼品的选择要针对不同的受礼对象区别对待。一般来说，对于家贫的人，礼物以实惠为佳；对富裕的人，礼物以精巧为佳；对恋人、爱人、情人，以纪念性为佳；对朋友，以趣味性为佳；对老人，以实用为佳；对孩子，以启智新颖为佳；对外宾，以特色为佳。选好礼品后，要注意为其进行精美的包装，因为精美的包装不但可以使礼品更具艺术性和高雅的情调，而且可以显示出送礼人的文化和艺术品位。

幼儿教师可根据以上原则，综合实际情况来选择礼物，以便让礼物准确传达出自己的心意。要注意的是，礼物贵在情意，不宜贵重，过于贵重的礼物容易造成收礼者心理负担，影响双方的正常交往。

（二）送礼的时机和场合

礼物选好后，接下来就是送礼了。幼儿教师要注意送礼的时机和场合。送礼场合的选择相当重要。一般出于酬谢、应酬或有特殊目的的送礼，要注意送礼场合的选择。除此之外，通常要选择在对方方便和需要的情况下将礼物送出。但也要考虑及时送上礼物，收到"雨中送伞"或"喜上添彩"的效果最佳。如果是对对方的成就或喜事表示祝贺，在公开场合送礼为好；如果是对对方的不幸或困境表示同情，在私下场合送礼为好。切记不要当众给一个人送礼。

一般来说，传统的节日如春节、中秋、圣诞节等，都是送礼的黄金时间；喜庆的日子，如对方获得晋升、获奖等日子也是送礼的好时机。接受了他人的帮助后送礼表示感谢，除了可以选择过节或喜庆的日子，还要考虑双方的熟悉程度。如果并非特别亲近，最好尽快送礼。最后要注意的是，礼物一般在双方相见或道别时赠送。

二、收礼礼仪规范

有送礼，就会有收礼。因此，收礼也要注意相应的礼仪。

（一）用双手接受礼品

使用双手接受礼品是重视对方的表现，这种表现还能够使赠礼者内心愉悦。

（二）表示谢意

对赠礼者表示感谢，一方面是礼貌的表现，另一方面是为了使赠礼者从情感上得到放松。如果任何反馈都没有，往往会使赠礼者产生负面的想法。

（三）观赏礼品

接受礼品并表示谢意后要将礼品暂时收起来，待客人离开后再将礼品打开来观赏。但是，西方国家的习惯是当场打开礼品，并对礼品和赠礼人进行一番赞扬。所以，在接受外国友人的礼品时，如果当场打开礼品并对礼品进行正面的评价，会使对方很开心。

（四）适时地回赠礼品

收到对方赠予的礼品后，我们要适时回赠礼品，从而表示自己的重视，增进双方的关系和友谊。

回赠对方礼品时，一个比较好的办法是参考对方赠送的礼品。通过礼品的类别，大致可以明确对方的喜好；通过礼品的价值，来确定回赠礼品的价值。

幼儿教师在选择回赠礼品时，要注意三个细节。

1. 在选择回赠礼品时，一般不要超出对方所赠礼品的价值。

2. 在会谈活动中，往往选择活动结束时回赠礼品。

3. 在日常交往过程中，不要在接受礼品后马上回礼，以免给对方造成不乐于交往的印象。

知识拓展

馈赠的艺术

1. 重视礼品的包装

一般送给亲戚朋友的礼品更重实惠，但正式的馈赠或送给不经常来往的对方的礼品，应该重视礼品的包装。精美的包装不仅使礼品的外观更具有艺术性和观赏性，而且能显示出送礼人的文化修养和艺术品位，使受礼者感受到送礼人的尊重与重视，从而更容易接受礼品。包装的材料和色彩，要符合受礼者的审美习惯。包装完毕后可贴上写有祝词和签名的缎带或卡片，以准确表达自己的情感。

2. 选择赠礼的场合

通常情况下，当众只给一群人中的某一个人赠礼是不合礼节的，给关系亲密的人送礼也不宜在公开场合进行。只有象征精神方面的礼物，才适合在众人面前当面赠送，如锦旗、牌匾、花篮等。

3. 赠礼时的态度和动作应大方得体

赠礼时，应该落落大方、平和友善，配以礼节性的语言，这样才能让受礼者欣然接受。不要将礼品悄悄地放在房间的某个角落，这样不仅达不到馈赠的目的，而且可能会事与愿违。

主题7 娱乐活动礼仪

　　　　幼儿教师除了正常的教学活动，还要参加园内、外的一些娱乐活动。这些活动包括发生在园内或园外的运动会、舞会和晚会等。掌握这些活动的礼仪，规范自己的行为，也是幼儿教师提升礼仪素养的重要内容。

一、运动会礼仪

为活跃幼儿园的气氛，全面提高幼儿的综合素质，很多幼儿园会定期组织举办运动会。幼儿教师在参与这些运动会时，不但要以规范的礼仪彰显人民教师的文明形象，也要以得体的言行给幼儿树立榜样。

（一）遵守纪律，按序入座

不论是以参赛运动员还是观赛者的身份参加运动会，幼儿教师都要严格遵守运动会场的纪律。如果是运动员，就要按照编号顺序参加项目；如果是观赛者，就要注意依序排队进入会场并落座，落座后不要随意乱窜座位，不要随意进出，更不要迟到早退。

（二）保护环境，严格自律

运动会期间，要注意爱护会场环境。如果是参赛者，不要将随身衣物用品等乱放乱丢，而要根据要求放在指定的位置；如果是观赛者，要妥善放置自己的物品，不要用私人物品占座，或者随意堆放一处。

（三）恪守要求，严格着装

观看比赛时要遵守公共道德，自觉维护秩序。首先要准时入场，以免入座时打扰别人。入场后，应该对号入座，不要因为自己的座位不好，就去坐别人的座位。散场的时候，要随着人流一步步地走向门口，不能挤、推，以免出现危险。

参加运动会期间，如果是运动员，则按自己所在的单位的要求或主办方的要求统一着装；如果是观赛者，就可以穿得轻松、休闲一些。但要注意的是，作为运动员时，不要因为个人习惯搞特殊，作为观赛者不要穿奇装异服。

（四）文明观赛，有序行动

作为观赛者，在观看比赛时要注意自己的言行举止。在精彩的比赛过程中，可以得体地欢呼和呐喊，意即可以为自己喜欢的一方叫好，但不能辱骂另一方。如果比赛中有精彩的场面，不管是主队的还是客队的，都应该鼓掌加油，表现出公道和友好。情绪兴奋时，不要因一时激动而从座位上跳起来挡住后面的观众，更不要在比赛中起哄、乱叫、向场内扔东西、鼓倒掌、喝倒彩，这些都是没有教养和失礼的表现。

二、舞会礼仪

舞会是一种既有娱乐性，又有很强的社交性的外来文化。无论是参加家庭舞会或是园方举行的舞会，幼儿教师都要明确相应的礼仪，方能妆容得体，仪态优雅，成为一个极具魅力的人。

（一）仪容整洁，大方得体

仪容要整洁大方，尽量不吃葱、蒜、醋等带强烈刺激气味的食品，不要大汗淋漓或疲惫不堪地进入舞场。如果患了感冒，最好不进入舞场。男教师最好穿西服，并注意庄重得体；女教师可以穿长裙，化妆略浓一点儿。为了达到浓淡相宜的效果，可以适当佩戴首饰，比如项链、手镯、襟花、别针等。也可以适当洒些香水。不过，男女宾客最好都穿皮鞋且鞋底要平滑，以免起舞时扭伤脚踝。

（二）文明言行，优雅得体

女教师在跳舞时舞姿要端庄，身体保持平、直、正、稳，切忌浮躁鲁莽。男教师在跳舞时，动作要轻柔文雅，不宜将舞伴拢得过紧、过近。如果不小心踩了舞伴的脚部或冲撞了别人，要礼貌地向对方颔首致歉。一曲终了，方可停舞。跳完舞后，男舞伴要把女舞伴送回座位并表达谢意，女舞伴要点头还礼。

除此之外。还应讲究文明礼貌，维护舞场秩序，不吸烟、不乱扔果皮、不高声谈笑、不随意喧哗，杜绝一切粗野行为。

（三）得体邀舞，彰显风度

舞会中，向别人邀舞是常见的行为。实施这一行为时，必须注意相关的礼仪。一是遵循男士优先原则，即由男士主动邀请女士共舞。邀舞者走向邀请对象时步伐要庄重，表情应谦恭自然，微微躬身，然后彬彬有礼地摊开右手，或是轻声微笑说："请您跳舞。"切记，邀请时要注意被邀者是否已有男舞伴。如有则一般不宜邀请。二是一曲结束后，要将受邀者送回座位，并表示感谢："谢谢，再会！"然后离去。跳完舞后对受邀者不予理睬，是一种极其失礼的行为。

（四）合理拒舞，优雅得体

在舞会上，女教师受到他人邀请是相当自然的事情。受到邀请时，要落落大方，表现出良好的素养。如果决定拒绝对方的邀请，就要注意相关的礼仪。即态度要和蔼、表情要亲切地说："对不起，我累了，想休息一下。"或者说："我不大会跳，真对不起。"如果已经答应和别人共舞，则应向邀请者表示歉意说："对不起，已经有人邀我跳了，等下一次吧。"切记，当婉言谢绝他人的邀请后，在一曲未终了时，不要和其他男士共舞，因为这会看作是对前一位邀请者的蔑视，是极其不礼貌的行为。

三、晚会礼仪

以文艺节目表演为主的晚会，也离不开必要的礼仪。幼儿教师无论是以主持人的身份，还是演员、观众的身份参加晚会，都要注意遵循相关的礼仪。

（一）晚会主持人礼仪

仪态礼仪，是晚会主持人首先要注意的问题。首先，要注意着装礼仪，要选择既高雅又不失浪漫的服饰。其次，要注意姿态礼仪，即要大方庄重，精神饱满地迈着稳健有力的步子走上舞台，行走的速度要依据活动性质而定。最后，要注意站姿或坐姿礼仪。站立主持时，要注意将双腿并拢，腰背挺直。如果持稿应用右手持稿底中部，左手五指并拢自然下垂；如果双手持稿，则要与胸同高。采取坐姿主持时，要将身体挺直，双臂前伸，双手按于桌沿。报幕时要注意向观众行礼。谈吐礼仪是晚会主持人要注意的第二项内容——晚会主持人要口齿清楚，发言时语句停顿准确，内容要简明扼要。

（二）晚会演员礼仪

幼儿教师如果是以演员的身份出席晚会，那么第一条礼仪就是尽心表演。尊重观众，即要恪尽职守、发挥正常、格调高雅，这不但体现了自身的礼仪，也是对观众的尊重。第二条礼仪就是要善待同行，要对同行予以支持，并与同行积极合作，齐心协力把晚会办好。

（三）晚会观众礼仪

当幼儿教师以观众的身份参加晚会时，则要遵循观众的礼仪。第一要注意着装礼仪。选择着装时可以根据出席晚会的具体形式，比如观看戏剧、舞蹈、音乐或综合性晚会，那么最好穿正装，女教师也可以穿连衣裙。第二要注意入场和退场礼仪，即在演出开始前一刻钟左右入场并领取节目单，存放衣帽，寻找座位，熟悉环境。晚会观看中间一般不允许观众提前退场。当演出结束后，要按要求有秩序地退场。第三要遵循就座礼仪，即持票排队入场，凭号入座。寻找自己的座位时，如果有领位员，则最好请其带路或予以指点；如果没有领位员，那么就从左侧向前行进，逐排寻找。第四要遵守观看礼仪，即观看时全神贯注，专心致志，不和邻座交头接耳，更不能大声评论、言语粗俗。需要适时对同伴给予照顾时，声音要低沉，用语要文明。

知识拓展

出席娱乐活动中应注意的事项

1. 选择适合的着装

对于娱乐活动来说，着装是非常重要的一环，它能够充分表达人的个性、品位和文化修养。准确把握娱乐活动的主题以及参会人的素养和鉴赏水平，选择适合的着装是基本原则。通常情况下，男士应该穿着正式的西装或一套带领带的休闲装，女士可以选择一件得体的晚礼服或优雅的连衣裙。当然，在选择衣服时应注意衣服的颜色搭配和品质高低。此外，在选择鞋子和手袋时也应该遵循相同的原则。

2. 注意礼貌

出席娱乐活动，礼貌和谦虚是非常重要的。走进大厅或场馆时，需要从大门进入，不能从侧门或后门进入。当你与他人交谈时，注意听取别人的意见，并在适当的时候表达自己的观点。尽量避免在活动中扰乱场面或现场的秩序，也不要打扰其他观众或参与者。

3. 维护场馆秩序

在娱乐活动中维护场馆秩序也是非常重要的。在入场时，你需要了解入场前的相关规定，例如如何保管你的物品等。进入场馆后，注意保持场馆整洁，不要乱扔垃圾，不要破坏场馆内的设施，保证场馆内的安全性和舒适性。同时，不要用闪光灯拍照，并让自己的手机保持静音状态。

4. 感谢和告别

在参加娱乐活动后，离开前要告知邀请你参加活动的人，并表示赞扬和感激。现代社会对于礼仪礼节的要求越来越高，这些细节往往能折射出一个人的素质和修养。